起業・独立　次に続く立志の若者へのメッセージ

人橋を架ける

塩原《しおばら》勝美《かつみ》・鵜飼《うかい》俊吾《しゅんご》・村山《むらやま》壮人《さかと》

起業・独立　次に続く立志の若者へのメッセージ

『人橋を架ける』

目次

目　次　2
はじめに　12

第一章　自分の気持ちに正直に生き抜いてきた　塩原《しおばら》　勝美《かつみ》　21

はじめに　22
「人生を顧みて思うこと――総括」　25
故郷での生活　27
上京、就職そして転職　29
脱サラ、共同経営でスタート　36
真の理想の経営スタイルを求めて　37
他を頼まず自ら理想の会社をつくる　38
事業の歴史と経営の考え方・進め方　40

目次

平成2年（1990）当時のグループ図 …… 43
会社略年表 …… 44
パブリシティ …… 46
昭和六一年（一九八六）
（株）ナショナルプレス　塩原勝美社長に聞く
「僕の趣味は、人づくり・人の輪づくり」
企業トップインタビュー　ダイヤモンド社「セールスマネージャー」より抜粋 …… 46
人の輪の中で仕事は広がる …… 46
人との出会いが僕の財産 …… 48
会社の基礎は人づくり …… 50
平成二年（一九九〇）四月一四日
（株）ナショナルプレス　第二〇期　社員総会
新卒新入社員が作成した社員総会の会議ツール …… 54
平成三年（一九九一）　松原哲明対談集「明日が見えるか」
テーマを持って生きる経営者達の姿がここにある
ＴＫＣ広報部（平成三年三月二五日）刊より、一部を編集して掲載 …… 56

事業展開の基本とは何か …… 56
信念と愛情がなければ叱る意味はない …… 58
自由自在という視点が大切 …… 59
人を育てるのは経営者の仕事 …… 62
経営者は指揮者やプロ野球の監督とは違う …… 64
時代にマッチした付加価値の高いビジネス …… 65
力強い企業を目指す …… 66
事業家、社会人、そして家庭人……三つのバランスが大切 …… 68

平成一五年（二〇〇三）
拝啓　新社会人の皆様　私が塩原社長から学んだもの　K・I生 …… 71
率先して行動しよう …… 72
問題意識を持とう …… 73
良きライバルを持とう …… 73

平成一七年（二〇〇五）一月二七日
創立三五周年の感慨　東京神田ロータリークラブ会員誌への寄稿文より …… 75
長年の事業の歴史を振り返って …… 78
おわりに …… 81

第二章　受けた恩は「恩返し」「恩送り」、それを次世代へ　鵜飼《うかい》　俊吾《しゅんご》……83
岐阜県瑞浪市に生まれる……84
名古屋で会社を設立するも、わずか三年で倒産……85
安岡正篤師との出会い……85
東京でもう一度起業……88
「利他」「感謝」「陰徳」「喜神」という言葉……88
振動計測装置の会社を起ち上げる……90
製造部門会社が倒産……90
正しい事業のめざめ……92
会社の理念「一灯照隅」……92
企業のあるべき姿……92
無借金経営への道筋……94
企業とは何のために誰のためにあるか……94
グローバル・ニッチ・トップ企業を目指す……96
船舶の振動計測作業から自動車産業へ……97
革新的ロングセラー製品の開発……97
電子顕微鏡から発電所、人工衛星まで……98
自社開発製品の売上構成比を五〇％以上にするという目標……98

営業と開発一体となった製品開発……99
製品に対する責任……100
目先の利益は追わず堅実経営……101
〝社員参加の共同経営〟……102
受けた恩は「恩返し」「恩送り」、それを次世代へ……102
物事に対して感謝できる人になりたい……105
経営者の心掛け……106
仕事への心得……106
優良企業として最優秀賞を受賞……107
受賞歴で特に印象のあったものについて……108
徹底した倹約、節約経営……111
見栄を張らない、虚栄心を持たない経営……111
無借金経営がなぜいいのか……114
私心を持たない、自分の利益を先に考えない……116
経営者の強い覚悟……117
厳しい環境に遭ったときに忍耐強く乗り越えること……118
経費を最小にすること……118
一円の節約は一円のプラスになる……119
リーダーの務めとして率先垂範が大事……120

目　次

仕事を好きになるということ……121
寝る前に五分、よかったことを思い出して寝る……122
早寝早起きをする……123
大事な家族のサポート……123
私の好きな言葉、「利他の心」……125
時間を必ず守る……126
健康管理を心掛ける……126
逆境にあっても忍耐強く乗り切る……127
事業継承……128

第三章　一度きりしかない人生　村山《むらやま》　壮人《さかと》……129

一度きりしかない人生なんです……130
おばあちゃん、大好き……132
われ十有五にして学に志し……135
中・高校生時代……136
二束の草鞋《わらじ》……137
ジョン・F・ケネディーの衝撃……139
日本警備保障（セコム創業のころ）でのエピソード……141
大人っぽく見せなさい……141
服に体を合わせる……142
酒でも飲まなければやっていられなかった……142
天邪鬼《あまのじゃく》だったための失敗……144
東京オリンピック……145
テレビドラマ「ザ・ガードマン」……145
言い訳できないごまかし……146
日本警備保障　その後のエピソード……147
メモ用紙一枚でももらってはいけない……147
泥棒を捕らえてみればガードマン……148

目　次

それでも、可がもらえた時代……150
後藤静香「権威」との出会い……151
偶然の再会……151
あなたの側に……153
一度も会っていない師匠……155
堪えられぬ苦痛なし……156
堪えうる力……157
ひとを励ます名人……159
三つの声……159
欠陥を見出し、使命に生きる……160
欠　陥……161
お金は無くてはならないが……163
三銭の切手代が貸してもらえず……163
馬鹿な金を使うな……165
起業すれば誰でも社長……166
起業までの足どり……166
部長になるのは大変なこと……167
最初からアクシデントの連続……167
頼りにしていた相棒……168

本店所在地へのこだわり…………169
はじめての取引は現金代引き…………170
借金の仕方を教えてくれた人…………171
毎日使うものほど金をつぎ込め…………172
よそとは違った会社にしたい…………173
職人と言えどもビジネスマン…………173
整理整頓していたお陰…………174
全額会社負担で取らせた免許・資格…………176
交互に行った海外旅行、国内旅行…………178
悦びの門…………179
私を踏み台にして伸びよ…………180
バブル崩壊なんのその…………180
能　力…………181
初めての経験「リスケ」…………182
信用しても信頼するな…………184
エレベーター本体工事…………185
理　想…………188
それぞれが、それぞれに精一杯やること…………189
勝利の人…………190

目　次

第四章　鼎《てい》談《だん》　たった一度の人生、自分の人生は自らの手で切り開くしかない　191

はじめに　192

鼎　談　194

起業・独立　次に続く立志の若者へのメッセージ

応援メッセージ　267

応援メッセージ（塩原《しおばら》勝美《かつみ》）**志をもって前へ進もう**　268

応援メッセージ（鵜飼《うかい》俊吾《しゅんご》）**若い起業家に語る**　272

応援メッセージ（村山《むらやま》壮人《さかと》）**起業するとは、自分らしく生きること**　274

あとがき　279

奥　付　280

起業・独立　次に続く立志の若者へのメッセージ
『人橋を架ける』

はじめに

長年にわたる自らの事業にけじめをつけ、これまでの道のりを振り返る時、次に続く若い起業家や中小企業の経営者に参考になればと、応援のためのメッセージを著し、世に伝えることにしました。私たち創業経営者三人が、自らの事業の歴史と思いを踏まえ、これから新たな起業・独立をめざす人、現在事業経営を継続している人たちのために、少しでも糧になればと、共著の形で刊行いたします。

地方から上京後、紆余曲折を経て起業し、その創業事業を長年続けて来て、その行末に一応のメドをつけた私たち三人。事業経営を通して大いに苦しみもがきながら学んで来たことや、経済の大変動（オイルショック、バブル経済、リーマンショックそしてこんにちの経済のあり方）を身をもって体験し、これ等に対しどう考え、対処してきたか、その戦いの歳月を語っています。

私たちがようやく事業の後始末への道筋を見出したこんにち、後に続く若手起業家、経営者に対し、有益な「証し」を遺し、起業家魂を伝えようという気概で、本書を出版しようということになりました。

立志の若者たちへの愛情と戒めを基本としながら、中小企業経営者としての長年に亘る〝生き様〟を活字で伝えておきたいとの思いと願いです。

最近、私にとって学ぶべきよい詩を身近に致しました。

「橋を架ける者（The Bridge Builder）」（要約）ウイル・アレン・ドロムグール

「良き　友よ、
わたしが歩んで来た道には、
わたしの後に続く若者がいる。
彼もこの道を通らねばならない。
わたしには何でもなかったこの谷も、あの金髪の若者には
危険な落とし穴となるかもしれない。
彼もまた薄暗いたそがれの中で
渡らねばならない。
良き友よ、わたしは彼のために
橋を架けているのだよ。」

この詩の意図するところは、老齢の白髪の旅人が深くて広い谷をようやく渡り終えた。その旅人はそのまま歩みを進めることなく、夕暮れになっても後の人のために橋を架ける作業に没頭している。もう二度この道を通ることもないのになぜですか？　との人の問に対しての回答が詩の一部となっています。

私たち三人とも、現在の会社を創業して四〇有余年を迎えています。いつも「精一杯の努力」「熱闘」等々を標榜して事業一途に生きてまいり、年齢を一つひとつ重ねて、さまざまな経験をし、そして学んできました。これからもしっかりこうした生き方を続けて行きたいものと考えています。一方、未来ある若者のためになお一層「人橋を架ける」ことに努めてまいりたいものと思っています。

人生の妙 それは人との出会い

鵜飼俊吾さんとの出会いは、私の人生にとって特筆すべきエポックの一つとして胸に刻まれています。

平成二二年（二〇一〇）一〇～十二月、私が東京都千代田区で「アントレプレナーのまち千代田」をスローガンに、若い起業家を「生み、育てる」企画を千代田区に提案し、それが認められて塾長としてスタートした第一期「千代田ビジネス起業塾」が、二人を結ぶきっかけでした。
起業塾のプログラム構成のなかに地元千代田区の事業経営者による講話のカリキュラムがあり、そこで鵜飼さんが「専門メーカーの生き残り術」を講演。私も会場で拝聴しました。経験上、おおかたの起業塾の講演では、講師による起業の「理論、方法論」のセオリーを重視した内容ですが、同塾は経営者の長年にわたる経営実務を前面に出そうという企画意図で、区内の著名な経営者にお願いして、実践的な肉声を伝えることに腐心。その結果、鵜飼さんの登壇ということになったのです。

拝聴した鵜飼さんのお話は、起業塾の意向に十二分に叶うもので、さすが平成二一年（二〇〇九）第一回「千代田ビジネス大賞」の優秀賞を受賞しただけのことはあり、立派な経営内容と実績を誇り、「事業経営とは斯くあるべき」と理解させて頂ける講話となりました。

これを機に私と鵜飼さんとのお付合いが始まりました。若くして岐阜県瑞浪市から上京、徒手空拳での創業、長年事業を続けてこられたことなど、私の人生とも重なることが多く、急速に親しくなりました。最近のお付合いでも大いに刺激を受け啓発されることが多々あります。折にふれてのランチミーティングでは、いつも共通の話題は経営談義ですが、その内容は広く、また深く、いつか録音テープで収録して冊子にまとめ、志をもった若い起業家のために役立てたいと意欲的に話し合っておりました。

また平成二六年（二〇一四）四月～平成二八年（二〇一六）三月まで二年間、私が企画し、主宰した若手経営者と職業専門職（士業）の方々との合同経営勉強会、第一～二期「経営いろは塾」でも、ボランティアとして顧問にご就任頂き、持ち時間三〇分の経営に関する講話は、塾生にとっても大いに有用で素晴らしい内容でした。もうおひと方の村山壮人さん。

私の会社が平成一八年（二〇〇六）創立三五周年を迎えた頃、祖業である企画・印刷・広告の事業の先々を考えて、あれこれ新たな事業を模索しておりました。そして新事業として地表探査のベンチャー企業と共同で「モービル型地震波検出警報装置」を開発し、特許を取得しました。その後東京都より新事業創出促進に基づいた「経営革新計画の承認」を受けて勇躍スタート。とはいえ、新事業領域における市場調査やテクニカルな裏付けのある販売手法など、これまでの事業にない全く初体験なことばかりで、試行錯誤の毎日でした。

その頃私は「東京神田ロータリークラブ」のメンバーとして活動しており、たまたま隣接する「お茶の水ロータリークラブ」の幹事として活躍していた村山さんが、この方面のかなり大がかりな仕組みの工事会社を経営されていると紹介されました。さっそく高田馬場駅近くの事務所へ伺ったところ、大変親切丁寧な対応をして下さり、それからのお付き合いとなりました。私と違って多才な方で、「指笛」のコンサートを開いたり、ＣＤを出したり、公私共に生活を楽しむ姿にあこがれをもって接してきました。

村山さんもやはり、地方出身者。その独立独歩の経営姿勢に大いに刺激を受け、以後お付き合いが続いています。

同氏との酒席で、鵜飼さんが平成二七年（二〇一五）に著した「一灯照隅」を経営理念とする堅実経営『「利他の心」で勝ち抜くニッチ企業』(法令出版刊)の話になり、私がプロデュースしたことでプレゼントしたところ、次につづく若者のために三人共著で応援メッセージを出版しようとの話となり、このたびの出版の運びになりました。

三人の共通点は、地方から上京、そして起業し、その創業事業を継続して来て、その行末に一応のメドをつけていることです。

これから起業・独立を考えている人たち、若手起業家、経営者に対し、有益な、そして真からの応援メッセージを伝えたいため、今回の出版を実現させていただきました。

塩原　勝美

次世代へ「利他の心」を伝えられたら

鵜飼　俊吾

この企画・出版のお誘いに私が参加しようと思い立った発端は、これまでの人生の中で教えていただいた事業の原理原則を、次の世代の方々にお伝えし、少しでも役に立てていただければ幸いと考えたからにほかなりません。思えば、自分一人の力でこの様に長年にわたり会社経営を継続できるものではありません。多くの先輩からの貴重な助言とご支援、そして何よりも、私を取り巻く優れた先輩方からのご指導によるお陰でございます。その点を考えますと、これは自分一人のものではありません。これが私に与えられた務めだと考えますし、後に続く若者のために何を残し、お役立ちが出来れば有難いと思っております。

村山　壮人　出版への気持ち

日本経済新聞の「私の履歴書」を読んでいると、いつかは自分もこんな履歴書を書いてみたいと思ったことがあります。しかし、功なし名を遂げた人たちの履歴書だから読んでくれる人がいるのであって、私の過去を書いても誰も読んでくれる人はいない。

そう思っていたところに塩原さんから共著の話をいただいた。七二歳という人生の岐路に立っていて、「断捨離」「整理廃棄」の時なので着る物、収集品、本、写真、備品などを捨て始めたときだった。「書き残そう」いや「何も遺すべきじゃない」という気持ちが交差して、実際にキイボードに向かうまでにはかなりの時間がかかった。いざ書き出すとあれもこれもと思い出がふくらみ脱線の連続で、なかなか前へ進まないものでした。

これから起業する人の参考になるようにとのことだったのに、あまり目的を果たしていないかも知れない。もし興味を持ってくれる人がいたら、膝つきあわせ酒酌み交わせながら補足の話をしたい。

第一章

自分の気持ちに正直に生き抜いてきた

トップ・ビジネスサポート株式会社　代表取締役

塩原《しおばら》　勝美《かつみ》

はじめに

私が「費留《ひりゅう》」の語を知ったのは、ここ一〇年近くの事業の窮地を克服し、そしてシンプルイズベストの考えで事業の「選択と捨象《しゃしょう》」のメドをつけられた平成二七年（二〇一五）のクリスマスイブの頃でした。

事業会社は本年七月で創業四七年周年になりますが、平成二〇年（二〇〇八）九月一五日の米国発のリーマンショックで業務提携会社の倒産やその他の影響で、からだも神経もフル回転して問題解決に邁進しておりました。

費留とは易しく言えば「骨折り損のくたびれもうけ」と云うことです。若い日、なれない東京と云う地で「人の三倍も五倍も働いて少しでも多く収入を得たい」と云う志を失なうことなく努めてまいりました。脱サラし、共同経営をスタートさせましたが、これも世間にありがちの若気の過ちでやり直しを迫られ、そしてその反面の理想の経営と云うことに思いあたり、事実上の実業家として満を満たして再スタートしたのは昭和四六年（一九七一）七月でした。

今でも感謝の念でいっぱいですが、スタート時よりこれまでの東京での生活のなかで知り合った方々のご支援、ご協力を頂くことが出き、それを強い追い風として事業は加速度に大きな成長を致しました。

昭和四五年（一九七〇）代に二度あったオイルショックも難なくクリアし、昭和五五年（一九八〇）代後半からのバブル経済下においても、証券会社時代の経験から浮利を追わずの堅実経営に徹し、揺がず、社業の外に、向学心と向上心のなせるわざで社外で数多くの会合やセミナーに参加し、人格形成に努めておりました。

これに併せて、事業活動に多少の余裕が生まれてまいりましたので、次に続く、若く志をもって事業活動をしている人たちのために、物心ともの支援をすることを思いたちました。

- ●平成一七年（二〇〇五）一一月を第一号とするWeb上の私のメルマガS/magazineで「起業アドバイザー便り」の掲載をスタート。
- ●平成一八年（二〇〇六）一〇月「アントレプレナー45人の私が起業・独立を決意した日」の冊子の発刊。
- ●平成二五年（二〇一三）七月　塩原勝美の「起業いろは塾」　法令出版より発刊。
- ●平成二八年（二〇一六）四月　若きアントレプレナーに贈る「起業百話」　全国編集プロダクション協会より発刊。

それに加え、各種団体の起業・創業セミナーの講師や、独自に同事業の企画・運営などに精励いたしてまいり、若手の起業家を生み、育てることを自らのライフワークに、汗と知恵の実績を積んでまいりました。

しかしながら世の中に「変わらざるものは無し」の例えどおり、自分自身が全力を傾けていた事業も決して万全ではありませんでした。

平成二〇年（二〇〇八）九月に米国の大手投資会社リーマン・ブラザーズの経営破綻したことでのいわゆるリーマンショックで、わが国の不動産会社の特に新興のヨコ文字会社が数多く倒産いたしました。

この余波で、私の会社が不動産事業の業務提携していた三社が連鎖倒産し、その被害も膨大でした。それに加えて、平成二三年（二〇一一）三月の東日本大震災では天災とはいえ、本当に厳しい現実を突きつけられました。

この難関に直面し、自分の性格やワキの甘さ、人を信頼することと、金銭の貸借については、信用することのリスク、誰の責任ではない自分自身だとの認識など、責は全て自分を負う覚悟とともに、少しでも損害を少なく、会社を良い方向にもっていくべく孤高の闘いの毎日でした。

そしてこの間、ストレスで大腸の憩室炎で二度入院し、三度目で手術して回復しました。

病床での決意として、先ず身軽になることを念頭に、退院後に法人も個人も所有する不動産の全て売却による銀行借入金の返済、事務所の縮小など徹底いたしました。

他の人の何倍もしっかりと経営して、勤勉実直に努めて来た結果が、このありさまでは全く「骨折り損のくたびれもうけ」だと痛恨の極みと当時は思いました。そのときの私のエッセイに「人生を顧みて思うこと―総括」に以下があります。

「人生を顧みて思うこと――総括」

決心して飛んだ（自分の道を拓くために起業した）
挑戦して来た（新たなことこそ、持続の道）
突っ走って来た（脇目もふらず）
耐えて来た（忍の一字）
律して来た（我欲を抑え）
黙して来た（沈思黙考）
次の次を考えて来た（常にビジネスの先を考えて手を打つ）
先導して来た（率先垂範）

闘って来た（勝たねば負ける）
そして――、
責を負った（事業の債務を果たす）
蓄財を失くした（草創期に戻った）
しかし――、
未だ精一杯やる気は有る。

これが、現在の偽らざる私の心境です。

「骨折り損のくたびれもうけ」という言葉どおり、私自身を収支として考えると、「くたびれもうけだったな」と思うこともしばしばあります。

しかし、現在悔いが残るどころか、すがすがしい気持ちでいられるのは、人生という大きなスパンで考えてみると、誰しもが経験出来るわけではない得難いさまざまのことがらを体験し、そしてこうして実りある多くのものを得たとの実感に、有難いことだと納得いたしております。

故郷での生活

私の出身は、群馬県の前橋市。昭和一八年（一九四三）五月に、六人姉弟の五番目で長男として生まれました。

前橋市は、平成二七年（二〇一五）のＮＨＫ大河ドラマ「花燃ゆ」でも紹介された通り、座繰り製糸業が盛んでした。今でも子供たちが遊ぶ上毛かるたには『県都前橋生糸《いと》の市《まち》』とうたわれています。父も、ここで女工さん五～六人を使う町工場を営んでいました。

私は、後妻の長男として生まれ、育ちました。家には、異母の兄一人がおり、その兄が姉たち四人と母親との折り合いが悪く、家のなかはいつもゴタつき、また父親も酒癖が悪くてなにごともはっきりさせない人間で、私はそんな父親を反面教師として成長していきました。夫婦や家族で仕事をしているためか、家の中は常に雑然として片付いておらず、たまに友人のサラリーマンの家に行くと、こぎれいで、お母さんがとても親切に接してくれるのをかい間見、これらもあって中学を卒業したら家を出てサラリーマン生活にあこがれたり、また自宅の前には建具職人の作業場がありましたので、手に職をつけて、いつかその道で「独り立ち」したいものと胸に秘めていました。

中学三年のとき、担任の先生と進路についての面談を行いました。その折、私は家の実情を話し、早く家を出て就職したいと先生に告げました。しかし、父親が当時としては珍しく高等教育の前橋高校を卒業していたこともあり、担任の先生から、せめて高校には行って、そのあとこれからのことを考えてはどうかと説得され、結局高校に行くことになりました。当時の中学の担任の先生とは、今でも手紙のやりとりをしています。長じて、家の法事の席で長姉が「このような複雑な家で、お前はよく曲がらなかったね」いっておりました。よくいわれる〝グレなかったな〟、ということなのでしょう。

商業高校に進学した私はなにかとざわついている家に居たくないこともあり、学業の他にクラブ活動にめいっぱい集中しました。

軟式テニス部では県大会で優勝し、関東大会、全国大学に出場致しました。練習中に卒業生でN証券高崎支店の営業職にあった先輩が飲物を差し入れて下さり、その先輩の所作にあこがれ、自分は働くのは嫌いじゃないので、人の三倍位働いて少しでも収入を増やしたいと申したところ、同社への就職を勧められました。

また軟式テニス部で活躍する一方、文芸部、新聞部、ワンゲル部に所属し、実績を数々残しました。就職も念願のN証券に決まり、秋の深まりを感じる頃、鎌倉、三浦半島方面に学校を休み一週間の無銭旅行を致しました。これらの一連の行動は、悔いのない高校生活の総決算として、自分の知恵と体力が、この世の中に通じるかを試してみたかったことでした。昭和三七年（一九六二）三月末に就職のため上京することになり、親しい友人が前橋駅まで見送りに来てくれました。

上京、就職そして転職

昭和三七年（一九六二）四月、私は高校卒業と同時に上京し、證券会社のＮ證券に入社しました。

最初の配属は神田支店。「どうして俺が支店に配属……？」と、最初は憤慨したのですが、独身寮生活の中で、同僚や先輩の働く姿を見ているうちに、実は営業支店の配属のほうが即戦力として期待されていることがわかり、納得がいきました。

とにもかくにも、東京の神田でサラリーマン生活をスタート。当時独身寮のあった杉並区の上井草から支店のあるＪＲの神田駅前まで、しばらくの間、私は学生服で通勤していました。入社して三か月を過ぎた頃、上司から、学生服を脱いでネクタイを一本買うように指示されました。支店長の方針は机の上よりも「実践から学べ」というもので、新入社員にも、営業予備軍として実践への参加を求めたのです。

営業は、カバンに金融商品のパンフレットを詰め込んで、近隣の商店を軒並み飛び込むローラー作戦です。昼夜を問わず、休日を返上しての過酷な仕事でしたが、この経験は、後年私が起業して新規顧客開拓の成果を挙げるのには、どれほど役に立ったかはかり知れません。

この会社では、四年制の大学を卒業したものは、三、四か月もすると「書記」になれましたが、私のような高卒のものは、その四年間を実務で追いつけという意味もあったのか、「書記補」の肩書でした。

入社して二年後、神田支店と大手町支店が合併し、丸の内の新丸ビル内に新たに新丸ビル支店が誕生しました。私は、その新丸ビル支店に異動になりました。このとき、大手町支店から異動してこられたのが、（株）モスフード・サービスの創業者の一人である吉野祥さん（故人）でした。同じ高卒組で一級先輩、四〇名はいたであろう同支店の営業員の仲間として、一緒に営業活動に邁進しました。

私は大学生活を経験しておらず、高校を卒業してすぐに社会に飛び込んだ私たちにとって、この四年の差はとても大きいことのように感じられました。大学卒の新入社員は、実務の経験はないのですが、社会とのほどよい距離感を経験しているように見えました。彼らは成人してから社会に出てくるので、それまでに、人間としての幅や深み、広い友人関係などをすでに備えているように見えました。その差は、苦しいときや土壇場の非常時に歴然と現れるように思います。徒手空拳で東京に出てきた当時の私は、彼らにはとてもかなわないと感じたものです。

ある年の六月初め、社員同士でボーナスのことが話題となり、高卒の営業員の間で、「俺たちは、確かに大卒の営業員のように本店からのノルマはないが、俺たちだって一生懸命に成果を挙げて支店の評価に貢献している。支店の資金から俺たちにも賞与の一部が加算されてもいいのではないか」という意見が出されました。皆、上司や先輩に「金融商品を売って手数料収入をあげろ」と厳しく鍛えられていましたから、待遇に対する不満は仕事ができる人ほど強かったと思います。

すると、私と同じ営業チームの数人が、「同期の中では塩原君が一番大人だから、君が上司に掛け合ってくれないか」と言ってきたのです。

ちょうど、神田支店と大手町支店が合併した直後の頃で、本店から、高卒で取締役にまでなった出世頭が、新しい支店長として配属されてきていました。しかし、その支店長は病気がちで、支店の実務は実質的にはT副支店長が責任を負っていました。

T副支店長は、当時としてはまだ珍しい女性の評論家を姉に持ち、慶応ボーイのいわば遊び人でした。巨人軍の長嶋選手や王選手を支店に呼びつけて銀座に遊びに連れて行ったりして、顔の広さを誇示していました。今でいう〝タニマチ〟のたぐいです。

当時支店には四〇人ほどの営業員がいましたが、支店で使える交際費が底をつくと、彼は私たち営業員にタクシーを利用したことにして出金伝票を書かせ、その金を集めて銀座で豪遊するような人でした。しかも彼は、支店長をも銀座の遊びの世界に引き込み、自分だけではないという、いわば保険をかけるようなことまでしていたのです。そんないい加減なことをしていても、当時は支店に命じられた成績をあげていれば、本店からとやかくいわれることはなかった時代でした。

そのT副支店長に、同期を代表して私がボーナスの交渉に行くことになったのです。私は彼に、「私たちだって毎日、一生懸命に営業に励み、成果を挙げているのだから、本店の同期の事務職と処遇が同じなのはおかしいではないか」と、意見を述べました。

するとT副支店長は、「君たちの気持ちはよく分かった。この場で即答はできないが、来週の火曜日には必ず返事をする」という返答をしたのです。おそらくその日が、賞与査定の期限だったのでしょう。私たちは約束の火曜日を待ちました。そしてその大事な約束の日、私たちは朝からT副支店長の回答を待っていたのですが、いつまでたっても返事がありません。なんと彼はその約束の日に欠勤したのです。後で、理由を人づてに聞いて、私たちは愕然としました。あろうことか、前日に銀座で飲んで、沈没したために欠勤したというのです。翌日、出勤してきても、彼から私たちの賞与に関する返答は、何もなされませんでした。

私は、会社に対するこれまで溜まりに溜まっていた不満の堰が、とうとう切れてしまいました。支店の営業部には五、六の課があり、それぞれに課長がいましたが、私は上司である課長にも一切事情を告げず、熟考して辞表を提出しました。私はT副支店長のすぐ下の上司から別室に呼ばれ、退職の理由を尋ねられました。本当の理由を話せば、支店内にいらぬ波紋が生じます。私は、義理の兄が目黒で小さな電気工事会社を経営しており、そこに営業がいないので手伝ってほしいと頼まれたと、作り話をしました。

上司は納得しない顔で、「君が将来結婚するとき、結婚式の席上で君の経歴を披露する場面を想像してみたまえ。現在の勤め先と今後の勤め先を比べたとき、どちらがいいか？」と質問しました。私は心の中で、転職を考えている部下を慰留する話としては、まったくレベルの低いたとえだと思いました。

後日、同じ会社の本社人事部に勤め、当時交際していた女性にこの話をして、「あなたは、自分の今後のことを考えたら、私は退職すべきではないと思うか？」と質問したところ、彼女は即座に「結婚の話と、退職して新しいことに挑戦する話は別でしょう」と答えてくれました。この女性が、現在の私の妻です。

私はこれまで、親に相談して自分の進路を決めてきたわけではないのですが、とりあえず今回は、退職する自分の決断の経緯を両親にしっかり説明しておこうと思い、帰省しました。自分は仕事がつらいとか、嫌だとかで退職しようとしているのではない。自分にはどうにもならないことが目の前に立ちはだかっているため、違う道を選択して進みたいのだと、話しました。細かな内容は話さず、「心配しないで大丈夫だから」と伝えました。そして、弟だけはなんとか大学に入れるようにして欲しいと頼みましたが、父親はそこまでのお金はないと、断ってきました。私はしかたなく、その日のうちに東京に戻りました。

このときの、職場での心が折れてしまうような苦い経験が、いわば反面教師となり、上司とは、経営者とはどうあるべきかという姿について、しっかり身に付けるきっかけになったと思います。つまり、「部下・社員との約束は必ず守る」「いかなるときも、社員に誠実に接する」ことの大切さを、私はここで学ばせてもらったのです。約束を軽んじるリーダーには絶対にならないと、私は心に誓いました。

Ｎ証券時代の最優良の顧客だったある会社の社長に、私の退職の決意を話しました。すると、「わが社へ来ないか」と、誘っていただいたのです。Ｉ工業社は都市ごみの焼却場を建設する老舗の会社で、関東圏を商域とする中堅の会社でした。私は社長の誘いを受け、営業統括者としてＩ工業社に転職しました。

しかし、企業の内情は、外からはなかなか見えにくいものです。働き始めてしばらくすると、その社長が、公私の区別ができない人だということが、だんだんわかってきました。当時は携帯電話などない時代ですから、いつも行先を告げずに出張に行ってしまう社長の行動把握がとても大変でした。実務に支障を来すことも多々あり、私は営業統括として、社長に代わって実務をこなさざるを得なくなったのです。

あるとき、私が担当していた市町村の担当者から、都市のごみ焼却場の修理の依頼がきました。私はすぐに現場の調査に出向き、工務部長と協議して見積書を作成し、部長に承認印を、さらに社長に承認印をお願いしました。ところが、その見積書が、いつまでたっても私の手元に戻ってきません。社長という人は、実は社員のだれもすでに知っていたことなのですが、自分がとってきた仕事は一生懸命にすぐ実行するのですが、社員がとってきた仕事に対してはなかなか印を押しません。警戒心からなのか、納得が行ってないからなのかは、私たちにはわかりませんでした。

当然、先方からは催促の電話がかかり、仕事が前に進みません。先方の業務にも支障が出るのではないかと、私はやきもきしていました。

そんなある日、ちょっとした用でたまたま社長室に入ったところ、その見積書が、もう二週間以上もたつのに、社長の机の上に放置されたままになっているのを発見してしまったのです。しかも、偶然社長の印も、机の上に転がっていたのです。

私は、「銀行の小切手を切るわけでもないし、早い方が先方にとってもいいことなのだから」と判断し、放置されたままの見積書に社長印を押し、先方へ郵送しました。

結果的に、それが大問題になってしまいました。今にして思えば、先を急ぐあまりの無茶な行為だったと反省しています。幸か不幸か、その仕事は取れませんでした。私としては、得意先への対応いかんでは、今まで築き上げた会社の信用と仕事を失ってしまうのではないか、という思いの行動だったのです。社員から依頼された業務に速やかに対処するのは、経営者たるものの当然の務めだと思っていましたから。

このことをきっかけに、「本当に信頼できる社長のもとで、自分は働いているのだろうか」という疑問が、私の心に沸き上がりました。この出来事が、私にとっては「社長とはどうあるべきか」を考える上での反面教師となりました。私は、自らの信条を曲げてまで、ここで仕事を続けても意味はないと判断し、退職を決意しました。

脱サラ、共同経営でスタート

Ｉ工業社を辞めたあと、共同経営という形で、印刷会社を始めました。そこでは、立場上は専務取締役でナンバー2というポジションでしたが、資本金のほとんどは自分で集め、また新規開拓で有力顧客を開拓、短期間に黒字経営の基礎を築いたこともあって、私の中では自分の会社という自負があり、日夜業務に邁進しました。

多くの紹介先をＮ證券時代のお客様からいただきました。紹介されて請け負った仕事は、名刺や原稿用紙の印刷といった小さな仕事であっても、納期と品質を守ること、それと常に途中経過を報告することなど、徹底的に安心してもらえるよう努めました。それが結局お得意先の不安を取り除き、信頼を得ていく方法だと確信していたので、当たり前のこととして実行しました。それらはすべて「自分ごと」という信念だったのです。

私が共同経営に参加したのは、一つには小資本で起業できること、それと一緒に起業したパートナーが印刷の業務に精通していたからです。当時、その事業領域（ガバレッジ）と活動領域（ドメイン）をしっかりと見定め、海外向けに印刷物を制作していくことでスタートしました。それは、欧文印刷における文字組版部門にフォーカスしたビジネスで、当時開発されたばかりの米国ＩＢＭ社製の欧文タイプライターをいち早く導入し、植字工による手作業から英文タイピストをとりいれた先進技術を活用するによって、スピード、コスト面からも圧倒的に優位に立つビジネスモデルでした。

こうした時代を先読みしたビジネスにより、創業から二年ほどで、この会社は軌道に乗りました。起業するにしても、また業務においても、このように先を読んで「事」に対処していくことこそが当然と、今でも思っています。

真の理想の経営スタイルを求めて

せっかく軌道に乗り始めた印刷会社ですが、まもなく私は共同経営から身を引くことにいたしました。

きっかけは、経営のパートナーが、乗用車を購入したことです。当時私たちは、完成した印刷物の納品は、タクシーで運んだり、近いお得意さんには自転車で運んだりなど、大変な思いをしていましたから、車を購入するならライトバン（商用車）だと疑いもしていなかったのです。ところが彼は、自分の通勤のための、いわば乗用車を購入したのです。私は、二人の経営に対する意識の差をここで思い知らされました。仕事を確保し、その納品までに汗を流すパートナーの苦労を理解せず、「率先垂範」すべき社長が、経営の何たるかをまったくわかっていないような行為に及んだことに、私は失望し、憤りを覚えました。

また、ある夏のころ、彼は一週間の休暇をとって、家族を連れて帰郷したことがありました。郷里から届いた彼の葉書には、「皆さんが一生懸命やってくれるように祈っています」などとあり、まったく経営者らしからぬ一行で締めくくられていたのです。パートナーや社員たちを働かせておいて、本人は「故郷に錦を飾る」というような不遜な態度がありありで、社長が真っ先に休暇を取り、のんびりするなど、経営者とはそんな甘い考えではできないはずです。「先憂後楽」の志がなくて何が経営者かと、私の憤りは徐々に増幅していきました。

二人の経営に対する姿勢や方向性はまったく違っていたのです。会社のための商用車ではなく、自分のための乗用車を買うといった「公私の区別」がつかない、「率先垂範」の意識も違う、社長の仕事とは何かを全く理解していない、いわばビジョンなき印刷会社に、私は自ら決別する覚悟を決めました。

他を頼まず自ら理想の会社をつくる

振り返りますと、群馬から上京して大手證券会社に勤務、その後の中小企業勤務を経て脱サラ。その直後、経営とか商売についてあまり理解しないうちに、中小企業時代に出入りしていた印刷会社の社員と共同経営で起業。それは、小資本でも興せることが唯一の取り柄といえるような、窮余の一策としての起業でした。

これまで、いくつかの企業の上司や先輩、共同経営のパートナーなど多くの人間関係を経てきて、楽しいことばかりではなく、苦しみや辛さ、時には嫌悪感まで味わい、心が痛んだ出来事は、数え上げればきりがないほどです。

上京して初めての職場では、成人式当日も休日出勤していました。丸の内という大都会の真ん中で働いているのになぜと、どうしようもない不条理を感じつつ、「鬼になろう、鬼になろう」と心を奮い立たせて営業活動に明け暮れました。ボーナスを少しでも上げてほしいと交渉した支店の責任者の、あまりにも無慈悲な態度に、張り詰めていた糸が切れてしまったことが思い出されます。誘いを受けて転職した会社では、社内規律や社長をはじめとする社員のプロ意識の欠如に驚きました。なんとか招かれた社員の立場から改革を試みましたが、「魚は頭から腐るもの」。私の力でこの会社を立ち直せるのは無理でした。

二人で興した初めての起業も、内向きの厳しい戦いと失望の連続でした。パートナーの言葉を盲信したことで、のちのちその咎めを受ける結果になりました。

しかし、この頃の私は本当に仕事に燃えていました。欧文組版のニーズを先取りして新規顧客獲得のために飛び込み営業に奔走しました。とくに社団・財団法人の名簿を入手して、霞が関・虎ノ門地域を特定し、徹底的に開拓、「努力は必ず報われる」の信念で必死に営業し、期待以上の成果を挙げることができました。ちなみになぜ社団・財団法人にターゲットを据えたかといえば、特殊法人は支払いのタームがとても短かったからです。二〇日に締め切ると月末には銀行に振り込まれました。興したばかりの零細企業においては、こうした条件のいい支払いは大いに助かりました。

そうやって、なんとか先に光明を見出してはいましたが、やはり共同経営には限界を感じ、見切りをつけて、自ら望む、自らの手による理想の会社づくりをスタートさせたのです。

共同経営は四年に及びましたが、早い段階で、会社での営業活動よりも個人としての仕事を意識して、顧客には誠心誠意の気持ちをもってサービスに努めました。この間に考えていたことは、組織力をもって業務推進すること。それを実現するために、内外に二人のブレーンを確保しました。

そのことが、自ら興した会社に大きな効果となって現れます。

上京して九年がたった昭和四六年（一九七一）七月に株式会社ナショナルプレスを設立、創業しました。そのとき私は二八歳。結婚して長男が生まれていました。

事業の歴史と経営の考え方・進め方

その㈱ナショナルプレスの創立より今年の七月で四六年の歳月が過ぎました。顧みて身をもって感じることは、企業も私たち同様に環境に左右される「生きもの」だということです。ですからニッチ市場で「一業専心」との思いで小資本の中小・企業のあり方は「狭く、深く」と事業を掘り下げていくところに活路があると邁進してまいりました。

しかし、創業者がリーダーシップをとってきている一代の企業は、社歴が浅く資本の蓄積も薄く、企業をとりまく環境の変化に大きく影響を受けて経営基盤を揺るがされます。

たとえば、一〇年前に新たに社会ニーズに合致したビジネスがスタートしても、ＩＴを含めた技術革新、競合業者の出現におけるコスト競争をもとにした収益低下など、さまざまな変化への局面に直面させられます。故に真の経営力とは、これら企業環境の変化への適応力だといわれる所以だと理解させられております。

私の事業歴のスタートは企画・デザイン・印刷でしたが、デジタル化の技術革新は、この分野の専門職の領域を、全く発注側サイドの一般社員が代行できるレベルまで下がってしまいました。このような事業環境の変化の〝キザシ〟を感じた私は、創立一五年経過した頃、当事業の成長期にもかかわらず、労働集約型ビジネスの先行きを考え、ビル経営事業、経営コンサル事業等を別会社体制にてスタートさせました。

特にビル経営事業は九〇年後半のビル不況期、不稼働の経年の古い事務所ビルを用途変更（コンバージョン）により、住居スペースに代えて収益物件とすべく、マンスリーマンションとしての機能と集客システムの開発をいたしてまいり、外部にもこの手法を基に用途変更（コンバージョン）をもとにした不動産コンサルビジネスを展開してきました。

平成一四年（二〇〇二）、今後の事業環境と経営の合理化のため両社を合併。

平成一七年（二〇〇五）秋、不動産の賃貸仲介ビジネスに進出すべく、地域特性を重視した戦略にて、秋葉原・神田地域ポータルサイトhttp://www.aki-kan.jp（現在休止中）をスタートさせ、地域限定の精度の高い不動産情報を提供するため、物件インスペクター（調査員）を周期的に地域を調査させて新鮮な情報をWebで公開する手法を開発しました。

その他数多くの事業を並行して進めてまいりましたが、経営責任上、何ごとも私自身が新事業のプランナーとして時代のニーズを見据えた事業規模と、リスクの範囲を見定めた新ビジネスの企画、構築をしてまいりました。

そして事業の柱をいくつも拡充することにより、社員の能力の向上、責任感の自覚のための分社体制、そののちに経営基盤が揺るがないような安定度の高い企業にすることが経営者の務めで、これが当社の事業経営の考え方・進め方だと邁進してまいりました。

その事業の歴史とそのときどきに何を考え、何を進めて来たかを細々《こまごま》と語るよりは、手元のパブリシティ等の資料をもとにして、事業歴の「ひとコマ」を掲載してまいります。

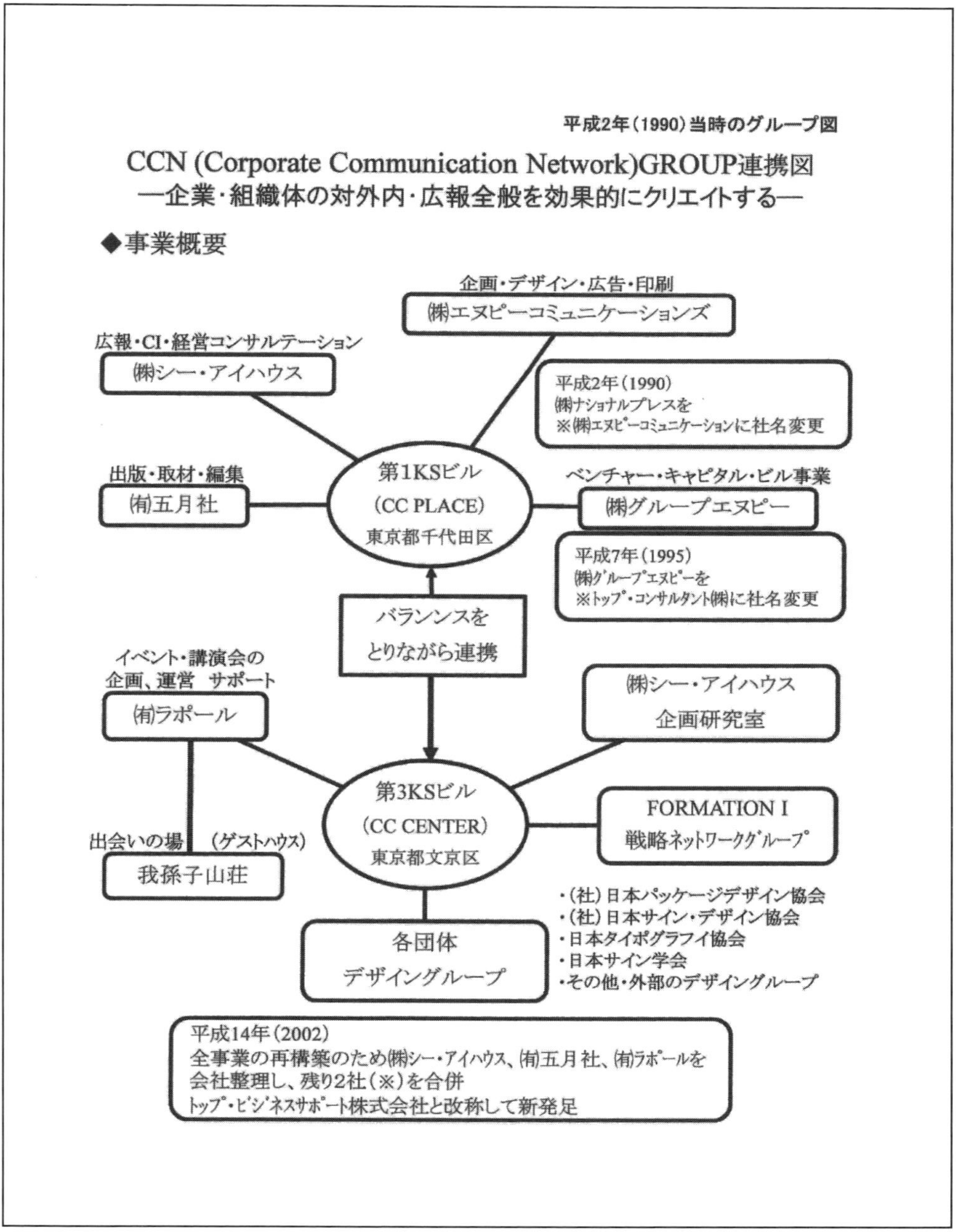
平成2年（1990）当時のグループ図
CCN (Corporate Communication Network)GROUP連携図
―企業・組織体の対外内・広報全般を効果的にクリエイトする―
◆事業概要
企画・デザイン・広告・印刷
㈱エヌピーコミュニケーションズ
広報・CI・経営コンサルテーション
㈱シー・アイハウス
平成2年（1990）
㈱ナショナルプレスを
※㈱エヌピーコミュニケーションに社名変更
出版・取材・編集
㈲五月社
第1KSビル
(CC PLACE)
東京都千代田区
ベンチャー・キャピタル・ビル事業
㈱グループエヌピー
平成7年（1995）
㈱グループエヌピーを
※トップ・コンサルタント㈱に社名変更
バランスを
とりながら連携
イベント・講演会の
企画、運営　サポート
㈲ラポール
㈱シー・アイハウス
企画研究室
第3KSビル
(CC CENTER)
東京都文京区
FORMATION I
戦略ネットワークグループ
出会いの場　(ゲストハウス)
我孫子山荘
各団体
デザイングループ
・(社) 日本パッケージデザイン協会
・(社) 日本サイン・デザイン協会
・日本タイポグラフィ協会
・日本サイン学会
・その他・外部のデザイングループ
平成14年（2002）
全事業の再構築のため㈱シー・アイハウス、㈲五月社、㈲ラポールを
会社整理し、残り2社（※）を合併
トップ・ビジネスサポート株式会社と改称して新発足

■会社略年表■

1971	昭和46年	株式会社ナショナルプレス（NP）　設立
		東京都千代田区神田駿河台にて創業
		企画・デザイン・印刷・広告事業
1977	昭和52年	株式会社グループ・エヌピー（GNP）　設立
		不動産・ビル経営事業
		神田淡路町2丁目に第1KSビル取得
1982	昭和57年	神田淡路町1丁目に第2KSビル取得
1984	昭和59年	(社)日本経営士会経営部門試験に合格
1985	昭和60年	株式会社ナショナルプレス創立15周年
		文京区湯島4丁目に第3KSビルを取得
		CC　CENTER（東京クリエイション・ヴィレッジ）としてクリエーターとの連合組織を構築
1986	昭和61年	千葉県我孫子市にゲストハウスを取得
1989	平成元年	新宿区天神町に第4KSビルを取得
1990	平成2年	株式会社ナショナルプレスをエヌピーコミュニケーション株式会社に社名変更
		映像・HP作成・スペースデザイン等へ業務拡大
1995	平成7年	株式会社グループ・エヌピーをトップ・コンサルタント株式会社に社名変更
		経営コンサルタント・不動産活用のニュービジネス展開

1998	平成10年	不動産事業に「コンバージョン」手法を開発、ビル再活用を計画実施
		NHK−TV「おはよう日本・ビジネストレンド」で紹介
2000	平成12年	会社創立30周年を記念して、小冊子『ロマンと算盤』を刊行
2002	平成14年	全事業の再構築を目指して2社を合併
		トップ・ビジネスサポート株式会社と改称し新発足
		コミュニティ・ボード事業をスタート
2005	平成17年	第1KSビルが文化庁「登録有形文化財」に指定
		AKI−KANプロジェクト創設
		秋葉原・神田地域ポータルhttp://www.aki−kan.jp開設
2006	平成18年	会社創立35周年を記念して、
		小冊子『アントレプレナー45人の私が起業・独立を決意した日』を刊行
		地表探査のベンチャー企業と共同で『モービル型地震波検出警報装置』を開発、特許取得
2007	平成19年	同装置の営業・販売において、東京都より新事業創出促進に基づいた経営の新計画の
		承認を受ける
2009	平成21年	経済産業のHPに、二〇〇〇九年度「知的資産経営報告書」NO．101として掲載される
2010	平成22年	会社創立40周年を記念して、小冊子『自立自戒の経営−「再び革新して五〇年」へ』を刊行
2011	平成23年	（公社）全日本能率連盟・認定マネジメントコンサルタントに登録
2015	平成27年	シンプルイズベストを標榜し、リストラクチャリング実施
2017	平成29年	起業50年・創業47周年を記念して、句集『十年一節』を刊行

パブリシティ

昭和六一年（一九八六）

（株）ナショナルプレス　塩原勝美社長に聞く

「僕の趣味は、人づくり・人の輪づくり」

企業トップインタビュー　ダイヤモンド社「セールスマネージャー」より抜粋

塩原勝美社長は、（株）ナショナルプレス、（株）シーアイ・ハウス、グループ・エヌピー、CC CENTER（東京クリエイション・ヴィレッジ）などのオーナー。群馬県の前橋から単身上京し、印刷業から出発して多方面に事業を広げると同時に、関わり合ってきた人脈を組織化。中小企業経営者の相互研鑽のための勉強会「暁の会」の主宰をはじめ、多くの人々の交流の輪をつくってきている。

人の輪の中で仕事は広がる

――ずいぶん多彩な人脈をお持ちと伺っていますが。

塩原勝美（以下塩原） 誰にとっても人脈って財産でしょう。私は、人間一人の知恵には限界があると思っています。三人寄ればなんとやらで、皆の知恵を出し合えばいろいろなことが可能になります。不可能と思えることもね。

私自身を振り返ってみても、たくさんの人と出会ったから今日の私があると思うんです。事業だってそれで広がってきたわけだし……。

基本的には、お金というものは後からついてくるっていう考えなんです。いろいろな人と出会うチャンスがあって、そこからあれをやろう、これができるって話し合っているうちに、自然に仕事が生まれてきました。もちろん、事業家として常にそういうチャンスは逃さないようにっていうのはありますけど。

――現在、若い才能を育てる場としてCC CENTER（東京クリエイション・ヴィレッジ）を構想中とか。

塩原　文京区湯島にビルを持っているんですが、延べ一八五坪が空いたままなんです。なので、そのビルを、イラストレーターやコピーライター、デザイナーなどのフリーランスで、才能があるのにチャンスに恵まれない、事務所を持ちたいけど自分では持てないっていう人に提供していこうかと考えているのです。

そうした様々な若い才能と関わり合って、私にできるものを提供しながら、そこをクリエイティブ全般のステーションのようなものにしていきたいと思っているのです。

――おもしろい発想ですね。アメリカなどにはベンチャービジネスを育成する組織がありますが、意欲はあっても場がない人には、ありがたいシステムですね。

塩原　そう。私もベンチャーマインドを持ち続けてきた人間だからわかるけど、大切なのは能力を発揮できる場なんですよね。

私にはロマンチストな面があって、いつもいろいろな理想がある。それを実現させていくのが楽しみのようなものなんです。もちろん事業家としては採算を考えますが。でも、夢とか理想には人を引き付けていく吸引力のようなものがあって、必ず賛同者が現れるものです。その方向さえ間違っていなければ。

ただ、本気でそれをやっていこうと思ったら、生半可な気持ちではできないんです。他人に甘えたり、自分自身に甘えていてはできないと思いますよ。

多くの人と関わって、それも経営の場というシビアなところで一五年程やってきたでしょう。外目からは派手に見えても、経営っていうのは実に地味で、そしてシビアなものなのです。

人との出会いが僕の財産

――「暁の会」を主宰し、代表幹事として、講師を招いての勉強会や相互の情報交換に精力的な活動を行っていらっしゃったと聞いていますが。

塩原 この会は、中小企業の事業経営者の皆さんの会です。経営者は、深い知識や経験のほかに、広い見識が必要なんです。でも、なかなか自分の狭い仕事の範囲では、そうしたものを身に付けられなくなっています。どうしても日常に埋没してしまう傾向があるからです。そういう焦りは、現状に満足しきっていない人には必ずあると思います。

新しい異質な人との出会いが、時として自己啓発の材料となる。私自身もそういう場で刺激を受けたいし、できれば仕事上でもそうした関係の中から新しい分野を開拓していきたい。そんな願いを込めて始めたんです。一種の異業種交流です。

ところが、これをやっているうちに、同じような考え方の会がいろいろなところにあるのを知ったのです。それならばいっそ、こうしたものをネットワーク化しようじゃないかということで、昭和五九年に「知恵の輪」という勉強会の連合会のようなものを仲間たちでスタートさせました。より多くの人たちとコンタクトしていくために。

これは、首都圏にある約一四〇の勉強会の情報交換と交流を狙ったもので、及ばずながら私が事務局長を務めさせていただいています。

――事務局長の仕事は、無料奉仕なのだそうですね。

塩原　年一回の大合同パーティーだけが有料なのですが、そうした費用などのほか、日常の労力や気づかいを考えるとなんでやるんだと思う人もいるかもしれませんが、私の考え方は違います。こうした場で多くの人と出会える、人脈ができる、「情報は人が持つ」との確信で、これが私にとっても、私の仕事のうえでも、すごい財産になってきているのです。お金やものに換算できない財産です。

当然、そこから仕事も生まれてきます。情報社会といわれていますが、生きた情報というのは、本とか雑誌で知るばかりではなく、そういうところで人から得る場合が多いのです。ビジネスチャンスもまたしかりです。目先の金もうけだけでなく、そうした視点での財産づくりがこれからは大切になってくるのではないですか。世の中って、そういうものだと思います。

ですから、さきほど申し上げた「東京クリエイション・ヴィレッジ」にしても、私は先行投資だと思っています。

種を蒔かなければ、芽は出てきません。目先の小さな収穫に目の色をかえるより、自分で種を蒔いて、より豊かな収穫を得る、私はそういう方針なんです。そのためには、実りの時まで、丁寧に育てる作業をしていかなくてはなりません。

――なかなか、できないことですね。

塩原　それはですね、できないと思うからできないだけなんです。まずは、「やってみよう」というポジティブな発想をもたなくては。本当にできないことって、人生には少ないんじゃないかな。もちろん、突拍子もないようなことは別にしてですけど。

会社の基礎は人づくり

――会社では、ずいぶん厳しい方のようですが。

塩原　やさしいリーダーでいいんですか？　逆にお伺いしたいですけど。

私は、身ひとつでやってきたからかもしれませんが、人生、甘いもんじゃないと実感しています。小さな子供ならいざ知らず、だれが社会人になった人間を、甘やかして守ってくれるんですか。

私は、子供の教育と社員教育は、甘くてはダメだと思っています。子供は、いずれは社会という荒波にもまれなきゃならないわけでしょう。社会に出ては、どんなにねだってもだれもアメをくれないわけでしょう。子供の頃からそういうクセがついていたら困るのは本人なんです。

社員も同じ。もしぐうたらしていて、会社が倒産でもしてほかの会社に転職しなければならない時、ぐうたらぐせがついていたらとても再就職できませんよね。

それに、会社の場合、上が下に媚びているようなところは、絶対に伸びないでしょう。会社が伸びないということは、個人の生活がいつまでも安定しないということです。そんな不安定な状況で仕事をしていて、幸せですか？　経営者というのは、そういうことも考えて、つまり、大きく何が必要で何がみんなのプラスになるのかを考えてやっていかなければと思うんです。

――愛のムチ、ということですか？

塩原　そんなカッコいいことじゃないですよ。私がいいたいのは、最低限きちんとした意識を身につけて、仕事でもなんでもやっていかないと、そのツケは、自分自身にまわってくるということなんです。

ですから我が社では、遅刻は厳禁。有給休暇も計画的に。もちろん、仕事中にさぼったり、ちゃらんぽらんだったりというのは、もってのほか。

社員は社員の仕事をまっとうすること。明らかにルールに反していることや、会社の利益に反していることは黙認してはいけないという方針です。

―― そういわれると、それが当然ですね。なかなか実行しきれない面もありますが。

塩原 そういう考え方がいけないんです。初めから実行しきれないなんて言っていては。

会議なんかでも、よくだらだらとやっている会社があるでしょう。ああいうのも、私は嫌いなんです。まず、基本的に会議は昼間はやるなという考えです。どうしてもだらだらとやってしまいますよね。特に午後からなんていうと。だから、我が社では、昼間に会議をしなければならない時は、昼休みの間にやるんです。もちろん、その時の昼食の弁当は会社で支給しています。後は、一日の仕事が終わったあと、六時半ごろからはじめるとか。とくに営業なんていうのは、日中が勝負でしょう。その時間をフルに使って仕事をするためにも、だらだら会議はダメです。

―― 社員研修にも意欲的に取り組んでいらっしゃるとか。

塩原 社員教育は、会社の財産づくりだと私は思っています。だから、かなりの時間をかけています。基本は、自分たちでつくる、手づくりの教育です。

まず、討議主体の階層別教育があります。これは、幹部研修、準幹部研修、スタッフ研修、中堅社員研修、一般社員研修から成り、幹部研修は、毎月一〇日までの都合の良い日に二時間ほど、討議形式で行っています。積極的に研修に参加してもらうためです。経営者の立場に立っての経営実績の検討や、外部専門家による講義というかたちをとっています。

準幹部研修も、毎月一回、業務終了後。課長クラスが対象です。スタッフ研修は、毎月第三土曜日の午後、会社運営の中核を成す管理職であるという自覚のもとに、様々な問題に取り組んでもらっていますが、この研修は当社幹部が順次受け持って行っています。

その他、週報制度なども組み入れ、その週に行なった仕事内容が、本人から上司に週報で報告され、幹部に回されて、最終的に私が目を通すことになっています。

――何をやったか、何を考えているかまで、トップに回るわけですね。

塩原　当然でしょう。中小企業は、一人ひとりが大切な戦力なんですから。面倒なことのように見えるかもしれませんが、教育というものは、どんなにやってもこれで十分ということはないんです。

◇　◇

ロマンを語る温和な塩原社長の顔が、次第に話に熱がはいるとともに真剣そのものに。グータラ記者には身につまされる言葉となった。

平成二年（一九九〇）四月一四日
（株）ナショナルプレス　第二〇期　社員総会
新卒新入社員が作成した社員総会の会議ツール

「新年会・忘年会」
「クリスマス」
「運動会」
「社内報」
④社員間のコミュニケーションをはかるためのツール制作
「クラブ紹介」
「厚生年金基金紹介」
「厚生施設紹介」
③人材安定のためのツール制作
「セールス用ビデオ」
「拡印刷」
「ノベルティー」
「ソフト開発」
「営業用パンフレット」
⑤業績を上げるためのツール制作
「周年記念日・創立記念日」
⑦記録するためのツール制作
「講演会」
「記念品」
「社史」
「記念誌」
⑥イメージアップをはかるためのツール制作
「CI」
「VI」
「会社案内」
「スペースデザイン」
このように「クライアントの業績アップ」につながる様々なジャンルのツール制作に応えるために
ナショナルプレスは「コミュニケーション&イメージアップサポート業」のポジションを確立していきます
取材
編集
デザイン・制作
企画会議
これ等の仕事を日常業務の中に取り込んでいきます

平成三年（一九九一）

松原哲明対談集「明日が見えるか」

テーマを持って生きる経営者達の姿がここにある

TKC広報部（平成三年三月二五日）刊より、一部を編集して掲載

松原哲明氏は東京生まれ。早稲田大学文学部国文学科卒業。㈱ブリヂストン宣伝部勤務を経て静岡県三島市の瀧沢寺で禅の修行を積む。臨済宗妙心寺派龍源寺前住職。自分の本職は坊主だが、アウトサイドの「経営とは何か」を知りたいとのことで対談が実現しました。

事業展開の基本とは何か

私は最近、自身の生き方を冷静に見つめて、心がけていかなければならない問題について考えます。もっともベストな生き方とは何かということを、しっかり自覚しておきたいのです。そして結局、次のようなことがらに行きつきます。

一、しっかりとした経営基盤をもつ――細部にかかわらず、こだわらず

二、開発・展開の手段をもつ――付加価値のあるビジネスに取り組む

三、仕事以外の喜び、やすらぎを持ち得る人生

四、社内・社外で若い人を育てられる力量を持つ

五、社会・公共性の認識と、奉仕行動の実践

などです。

事業家としてもっとも大切なのは、当然のことながら、まずしっかりとした経営基盤を持っていることです。細部にかかわらず、こだわらず、というのは、しっかりとした経営基盤を持ちながら、あまり細かいこと、自分があまりかかわらなくていいことにまでとらわれず、しっかり将来を見据えて事業の組み立てを考えるということです。

もう二〇年も事業をやっていますから、そのくらいのことはできていて当然です。この文京区湯島の「CCセンター」という建物は弊社の持ち物ですが、ここを含めかなりの資産を持つことができ、ほぼ二〇年で今日の業容を整えられたことは幸いだったと思います。

とはいえ、経営者として、あまり表だってこれらの実績を語るようなことはしません。よく友人には「事業家としての活発な行動と、それとは逆の裏方のような考え方にギャップがある」といわれるのですが、私は地味な人間で、大げさなパフォーマンスは好きではないのです。

極力人の前に出ることを抑え、人の見えないところで他を支えることが性に合っています。よく自戒しているのですが、渡し船の船頭さんのように、お客様を川岸に渡してあげるのが仕事なのに、船頭の立場を忘れ、のこのこ自分もお客様と一緒に陸に上がるなどということはしない、そんな信条です。

経営者の中には、何でも自分で決めない、やらないと気が済まないという人もいます。し

かし私は、それはちがうと思います。私の行動の基本は、ＴＯＰ ＴＯ ＴＯＰです。

基本的に仕事の相手は法人ですから、先方の法人のトップとの場面だけ私が出ていき、通常のオペレーションは社員、幹部が行うということです。私自身は得意先のトップと話をしながら、何が必要か、何が足りないかを判断し、企画書を提出して予算を組んでもらったりしているというわけです。

信念と愛情がなければ叱る意味はない

家庭でも職場でも、私は叱るのは好きではありません。しかし、よく叱っています。叱るのも私の務めと考えるからです。

人が叱れない時、理由は二つあります。一つは自分に自信がない、信念がない時。もう一つは叱る相手に愛情を持っていない時です。

私は、私のところにいる社員には愛情を持っています。家庭でも会社でもいっしょです。それと自信という点については、私は基本的に臆するということがありません。それは、これまで公私ともにいいかげんなことをしてこなかったという自負があるために、臆さないのです。ですから、しっかり叱ることは、私の務めの一つだと思っています。

叱ることが決して楽しいことではなく、叱ることでどれほど心が痛むか、よく夜中に目が覚めます。あの叱り方はよくなかったのではないかとか、私もいい歳なのだから、もう少し老猾《ろうかつ》に叱ればいいのに……、などと。

私は、若い人と会ったり、話したりすることが好きで、日ごろから社内・外で人を育てる力量を持ちたいと思い、努力しているつもりです。

そうした折に、若い社員がとてつもないデタラメをして、それを発見することがあります。そんなとき「しっかりけじめをつけなさいよ」と、叱らざるを得ない時があるものです。それは、ここはきちっと叱っておかないと本人のためにならないと考えるからです。それも私の仕事ですから。

ただ、今の若い社員は、叱られ方が下手です。家庭や学校であまり叱られていないのではないでしょうか。そうした環境の変化が、現在の経営者や会社の上司にも影響して、若い人を叱らない経営者や上司が増えているのではないでしょうか。私は、それはとても危険なことだと思っています。

自由自在という視点が大切

私は、上京して大企業、中小企業に数年ずつ勤め、その経験を生かして、今度は自分が経営というものをやってみようということで、デザイン・印刷の会社を興しました。

ただ、それが一〇〇％正しかったのかどうかはわかりません。もう少し時代を先読みする力があったら、違った世界に行っていたかもしれません。しかし、決して無駄であったとは思いません。

今、大学二年の息子に言っています。「若い時に無駄と思えることは、決して無駄ではない。これからどんな時代が来るのかとか、どんな物のとらえ方をするのが正しいのか、物を見る、見渡せるようになる、つまり自由自在の視点をもつことの大切さを学ぶ機会であるということ。だから積極的に勉強して行動を起こすことが大切。そこかれら得たものはなんであれ、無駄であるはずがない」と。

私自身を振り返れば、当時なにしろ若く、まだまだ社会経験も浅かったため、もっと全体を見回す力、灯台の光が回っていくような自在さを持っていたならと思うこともあります。ですから、今の若い人には、もっと自在さを持ってほしいとつくづく思います。そのためには人と知り合うこと、もちろん外の企業の人ともさまざまな問題について討議したり、交流することが大切だと思います。いわば「自己啓発」を通してスキルアップして欲しいと思っています。

たとえば、私が主宰している「ヒューマン・サロン」という若い人々の異業種交流の会に、私の会社の社員も、二名参加させています。そこで「最近感動したことというテーマで話して下さい」ということになったところ、今年入ったばかりの当社の男子社員が、〝社長から七月のボーナスを手渡してもらったことです〟と話しました。今までのアルバイトでは、給与はすべて振り込みで、すべて無機質に自動的に行われていたとのこと。私のところも給与は振込ですが、賞与だけはきちっと手渡すようにしているのです。その話は、他の会社の参加者の心に残ったようで、自分の会社に戻ってこんな話を聞いたと報告した人がいたようなのです。後日、そこの会社の社長とお会いすると「塩原さん、おれも今度、賞与は手渡しにするよ」といっておられました。

自分の会社と他社を引き比べることは、会社の中にだけいる限りは不可能です。外に出て初めて理解することができます。自分の会社の優れている点、逆に立ち遅れている点など、お互いに学び合うことによって、成長するということです。

若い人を育てるという意味では、社内研修にも力を入れています。毎回一時間半の中の少なくとも三分の一は、トップが今何を考えているのか、会社のおかれている環境はどう変化しているのか、世間一般の景気はどうなっているのかなど、私自身が話をします。あとの三分の二は、参加社員全員が前月の自分のポジションにおける動きはどうだったのかなどについて報告し合います。

二〇数人の研修会のメンバーには、入社したてや三年か四年くらいしかたっていない社員が多く、社屋は地下一階から地上五階まであるので、ほとんど顔を合わせる機会がありません。「おはようございます」といってタイムレコダーを押したら自分のポジションに入ってしまいます。社内にいるほかの人が何を考えているかをお互いに知っておくというのも、やはり研修の効果です。

朝礼でも、業務の情報をどんどん伝え、最近クライアントからこんな仕事を受注してこういう状況だとか、情報コミュニケーションを活発にしなければなりません。かつての西武鉄道グループの総帥《そうすい》のように「考えるのはおれ一人で、手足を動かすのはお前たちだ」という発想は全然ありません。できれば私自身は違うポジションで、もっと大きな、高いところで鳥瞰図を見るような目で物をみていたい、考えていきたいということです。

できる限り、経営基盤を安定させ、細部にかかわらず、こだわらず、というポジションを、私は常にもっていたいと思います。そのためには、どうしても人を育てなければならない。それは企業家としての永遠の課題だと思います。その情熱が失われてはいけないと思います。

人を育てるのは経営者の仕事

人を育てるのはなかなか大変なことです。今の世の中、以心伝心というわけにはいきませんから、声に出してていねいに、あきらめないで育成にあたることが必要です。

四年くらい前に、ある会社から移籍して育ててきた社員がいました。私は手塩にかけて彼をなんとか営業ポジションの柱の一つにしたいと思っていたのですが、彼のお父さんとお母さんがいっぺんに倒れてしまったのです。その社員は長男で山口県出身だったものですから、家庭の事情ということで、山口に引っ込みました。その時に、それではこの社員を教育した四年間は何だったのかと思ったりもしました。しかし、それをいちいち気にしていては何も解決しません。それはそれでよしとし、現在の社員を次のリーダーにすべく、教育をしていくのです。とにかくネバーギブアップです。

紆余曲折はあっても、がまんして育てることです。付け焼刃みたいな人事というのは、結局ほころびます。会社が成長して、ある程度のブロックが積まれてきたら、しっかりと先を見据え、たとえば新卒の定期採用者を、途中で落ちこぼれないようにしっかり自覚させて伸ばしていくことが大切と思っています。

先日、今年の内定者を千葉県我孫子市にあるゲストハウスに来てもらい、一緒に食事をしました。そこは、定期的に私の関係している人をお招きして親交を深めたり、また仕事を通して初めてお会いした方でもなかなか人間的にすばらしいと感じた方をあらかじめリストに加えておいて、次の交流の場にお招きして、いっしょに食事をしていただき、新しい人同士で皆さんが親交を深めてもらおうとしているわけです。

若者もそうですが、キャリアのある方も、さまざまな人が集まります。意外に思いますが、皆さん思ったより人との交流ができていません。仕事以外の友人や人脈をもっていませんん。私は、高校を卒業して身一つで東京に出てきました。何もないところからのスタートだったわけですが、結果的に今日までやってこられたのは、人との出会いがあったからこそでした。人との縁を大切にしてきたからこそ、今日があるのです。

そうした出会いも、ただなんとなく人と会って生まれたというものではありません。他の人の何倍も相手の方に誠意を尽くし、またきっちりと約束を守る、他を思いやる生き方を通して、新しい出会いを生み、育ててきたことを理解してほしいと思います。

経営者は指揮者やプロ野球の監督とは違う

よく経営者は、オーケストラの指揮者やプロ野球の監督に似ているといわれますが、これはまったくわかっていない素人的な発想だと思います。

例えば、オーケストラに参加する人は、少なからず楽器が弾けて、かつそれが何より好きだという人たちです。生活が苦しくとも、プロの意識を持っている人たちです。それに比べて民間の企業というのは、まったく右や左を向いている人々の集合体です。おのおのに考え方や欲望があるわけで、いい音楽を完成させようという一つの線でたどっていくオーケストラのメンバーと、会社勤めをしていい仕事をしようということとは、まったく別物です。

経営というのは、そんなにきれいごとではなく、難しくつらいものです。だからこそやりがいもあるのですが。

プロ野球の監督と経営者が一緒というのもとんでもないことです。プロ野球の監督というのは野球そのものの才能があり、野球が死ぬほど好きで、中・高・大学と長年やってきた選手を取りまとめています。「ホームランを何本打った、アベレージがいくつ」という、まさにその記録が、自らの名誉と報酬を決める、わかりやすい世界です。それに比べ私たちの仕事は、自分たちの努力だけでなく、政治や経済の影響を受けながら、悪戦苦闘の毎日です。よくいわれている3Kの問題だって、プロ野球の世界は無縁です。本当に経営を知っていたら、あのような例えをすること自体がおかしいし、私など聞くに堪えないことです。

上を向いたり、下を向いたりしている社員をなんとかこちらに振り向かせ、ない力を少しでも多くを出させて、戦力として仕上げていかなくてはなりません。経営者とは気力体力といわれますが、本当にその通りです。

時代にマッチした付加価値の高いビジネス

たとえば今のビジネスがしっかりとした経営基盤の上に成り立っていたとしても、やはり時代は変化を遂げていきます。明日も万全だという保障はまったくないわけです。時代が環境をつくっていくわけですから、環境に適応しない企業というのは、やがて淘汰されていきます。ですから、経営者は先手先手を打って、時流にのり、時流をつかんでいく企業にしていかなければなりません。

私が思うに、安定度の高い企業経営が一番の理想ではあるのですが、たとえ今の時代に繁栄していても、次の時代もそうかといわれれば、それは何の保証にもなっていないわけですから、やはり変化についていける企業でなくてはならない。そのためにはビジネスの開発力や展開力を持っていなければならないと思うのです。

もっと言えば、付加価値の高いビジネス、労働力、つまり頭数×利益が最終利益ではなく、むしろ少人数であっても時代にマッチした付加価値の高い仕事というものがあるはずで、それを追求しなければなりません。これからの時代、労働時間は短縮していかなければならないし、社員一人当たりの労働配分率を高めていかなければなりません。そうした意識をもった企業にならなければならないのです。

時代に逆行するようなビジネスに一生懸命汗を流しても結局だめになるということを、常に意識して仕事をしています。安易な経営姿勢では、若い社員は集まらないし、たとえ集まっても、エネルギーのない会社だとわかれば、すぐに敏感に感じ取って逃げ出してしまいます。付加価値の高い、いい仕事をすることが、優秀な人材を引き寄せ、またその彼らが、新しい仕事を生み出すのです。

力強い企業を目指す

私は、何のために事業をするのかと考えたとき、スモールビジネスとビッグビジネスのどちらに価値があるのかということについて考えます。一般の方には少し難しいかもしれませんが、ひとつ言えるのは、力強い企業というのは、雇用を創造できる企業だということです。

例えば今、友人からの紹介で、かなり年配の方を「雑用係でも使ってくれないか」と頼まれれば、私の会社でそういうポジションがあれば、その依頼をかなえることができます。企業基盤が安定していて、力をもって運営していれば、そういういざというときの頼まれごとにも対応できるのです。これは、少し見方を変えれば、もうけるだけの企業ではなく、社会の公器としての意味合いも持つということです。会社もまた社会のなかで生きて行くということです。寄付とかボランティアなども、社会の中で生きる上では必要なことだと思います。

自分の企業だけよければいいという考え方だと、どうしても視野が狭くなってしまいます。社会とかかわりをもって企業として生き抜く。もちろんそのためにはきっちりとした経営基盤があってこそ可能なことです。

私は、社員の結婚式に招かれて、スピーチをすることがあります。私には難しい話はできませんが、次のような話をよくします。「あなた方ご夫婦が一単位であるとすれば、両家を合わせれば、家族というのは何単位もあるわけです。その全てを幸せにしますと、そんなに大きな力が初めからあなた方にあるわけではないのですから、せめてあなた方二人が本当に健やかで、かつ幸せになるための努力を、きちっと毎日毎日していくことがすべてのスタートです。それができない限り、お父さんお母さん、兄弟、親族などあまり広範囲の幸せを考えたりしない方がよろしいのではないですか」というようなことです。

それこそが、自分たちの、自己の確立ということだと思います。企業もそうなんです。企業としての基盤が確立していないと、何をいっても無意味になってしまいます。もし私が事業を倒産させたり、社会的にトラブルを起こしてしまったら、これまで話してきたことはすべて無になるわけです。経営とは結果が全てですから。要は自分のビジネスをまず、きちっと確立することが大切ということなのです。

事業家、社会人、そして家庭人……三つのバランスが大切

私も、いつかは滅んで死んでいくのですが、そのときに振り返って、事業家としては立派だったけれど、どうも社会人としては欠落していたとか、あるいは家庭人としてはどうも不幸だったとか、そんな最後は迎えたくありません。このバランスはとても大切なことです。

ここまでの人生、自分自身にときどき問うのですが、たとえば社会人として、世の中に迷惑をかけたり害毒を及ぼしたりしてきたわけではないし、また企業家としては、大それた事業群を作ったわけではありませんが、世間なみに税金を納め、社員もずいぶん育ててきました。そして家庭人としてもこれまで頑張ってきたし、これから先、家内や子供にとって、健康で円満なお父さんと思われたいと願っています。

こうした三つのバランスがきちんととれて、初めて心の安らぎが生まれるのではないでしょうか。起きてても、寝てても、心の安らぎを覚えるなんとなく心地いい空間を持ってい

るということは、とても幸せなことだと思います。

事業をしているといろいろな人に出会います。なかには個性的な人で、バランスが崩れているのでは、などと思える人もいます。例えばお酒を飲んでいて非常に愉快な人がおり、そんな人からも私に誘いが来ますが、とても疲れます。私は少なくとも人と飲んでて大変愉快で座持ちのいい人間ではありません。むしろ、その人がとても困っていて、窮地にたっているときに、小さなアドバイスができて、少しでも心が休まる相手、そんなポジションが向いていると思っています。地味といわれればそれまでですが、それもまた大事ではないでしょうか。

よく仲間内で飲みに行って、自分が参加メンバーに入っていたとかいないとか、気に病む人がいますが、私はとても忙しい人間ですから、そんなことはぜんぜん気にならず、飲んだり騒いだりするよりも、友人とか世間の人に、さらりと何かしらアドバイスなどできれば、それでいいと、そんなポジションが似合っていると思っています。

要するに自然体です。さきほども申し上げたように、バランスというのは、企業家としては立派だけれども、どうしても考えること、やることが少し反社会的だとか、また逆に社会的にも家庭的にも立派だけれども、企業家としては三流で、社員がいつも泣いているというようなことではこの世に評価されないということです。

決して突出する必要はありませんが、家庭においても社会においても、企業人としても、やはりいつもいい状態、バランスのとれた状況を意識していかなければならないと思っています。

平成一五年（二〇〇三）
拝啓　新社会人の皆様

私が塩原社長から学んだもの　　　K・I生

当時、印刷会社のご子息を修行と称して、一時は四名の方をお預かりして、一緒に働きました。同氏は退職後「営業人」誌に当社に在職した頃のことを寄稿して、持参して下さいました。現在ダイレクトマーケティング専業会社F社（札幌アンビシャス）の幹部として活躍中です。

私のビジネスの基本は、新入社員として入った（株）ナショナルプレス社によって形成されました。その時のことを少し振り返りますので、新入社員の方にヒントとなれば幸いです。

一九八一年（昭和五六年）神田淡路町のナショナルプレス社に入社。一人当たりの経常利益が二〇〇〇万円、ボーナスも年に三回あり、業界では有名な優良企業でした。社長は證券マンから企画営業をメインにした印刷会社を興し、現在はトップ・ビジネスサポート会社として発展しています。

父の会社は製造中心の印刷会社でしたので、自社にない企画営業を身につけたく、〝修行〟と称してお世話になりました。入社前に私の父が社長に、私を「焼いて食おうが、似て食おうが、社長の好きにしてください」といわれ、何やら少しうれしくもあり、また覚悟しなければと思った記憶があります。

率先して行動しよう

ナショナルプレス社では、毎週月曜日に提出する週報があり、報告すべき事項・今週の目標・反省&提言・所属長欄の四つで構成されています。今でも大切に保管し、時々参考にしています。

所属長欄には、上司は青、社長は赤のペンで厳しいコメントや励ましのメッセージが必ず書かれ、週報が戻ってくるのが楽しみでドキドキしていました。

しかし二〇年たった今、自分の文章を読み返すと「穴があったら入りたくなる」お粗末な内容です。なぜなら自分のことは棚に上げ、他部門の問題点の指摘や、自分の都合の良い言い訳が多く書かれ、情けない限りです。

こんなことがありました。社長が主催する〝新春の集い〟の資料整理を依頼されたときのことです。生意気にも週報に「今忙しい時期なのでできません」という趣旨のことを書いてしまったのです。

社長は「私の依頼事は公私にかかわらずスムーズに処理すること、なぜならあれもこれも、勉強になるから依頼している、たとえ個人の時間を割愛してでも」「時間がないからできないとするならば、ない時間をどうやってつくるかが知恵」と。このことは、今でも気をつけ、心のよりどころにしています。今この文も〝渾身の力〟を込めて書いています。何歳になっても、チャレンジし、勉強する姿勢をなくしてはいけないと思っています。

問題意識を持とう

社長に同行させていただいた時のことです。淡路町から日本橋の顧客に向かう地下鉄の中、社長が突然、会社に戻るまでの間に「当社の問題点を三つ考えなさい」、そして問題点を報告すると、「解決案をレポートで提出しなさい」と、常に問題を発見し、解決する訓練をさせていただきました。

答えられないと、「日頃何も考えていないのか」と、叱られる緊張感のある日々でした。また、私のように修行ということで、三人の若い社員がいました。月に一回社長より、日経ビジネス誌の「敗軍の将兵を語る」と日経新聞を教材に、物事の考え方、経営の哲学を学び、〝寝ていて人を起こすな〟の例えではありませんが、〝率先して自ら行動する〟ことを強く求められました。

良きライバルを持とう

同じ営業にライバルがいたことは、恵まれていました。当初私は意識していませんでしたが、M氏は私に売上等で負けるととても悔しがっていました。相手が私を意識する以上、私もM氏を意識しないわけにはいかなくなりました。お互い毎朝七時三〇分前に出社し、日経新聞に目をとおし、関連記事を交代で掲示板に貼る、そして記事を選んだ理由を語り、お互いの顧客にも同行し、ヒントを得ていたのです。

ナショナルプレス社は三年間と短い期間でしたが、人間形成の上でとても充実した三年間でした。社長をはじめ、すべての社員の方にお礼を申し上げ、今後とも基本哲学を忘れることなく、邁進していきたいと思います。

最後に、退職して二〇年たった今日においても、塩原代表に〝いかに生きるべきか〟を含めた多岐にわたりご指導いただいていることに、深く感謝いたします。

平成一七年（二〇〇五）一月二七日　東京神田ロータリークラブ会員誌への寄稿文より

創立三五周年の感慨

平成一〇年（一九九八）に地元名士が数多くメンバーとして活動している、東京神田ＲＣに入会させて頂きました。この活動を通して奉仕の精神の基本と、著名な外部の方々の卓話を拝聴することが出来、人格形成に大いに役立ちました。

ひと口に「戦後六〇年」といわれ、また「もはや戦後ではない」ともいわれて久しい。私たちの世代は、その「戦後」の、あちこちからまだ槌音が聞こえてくる復興の中に育ち、生き抜いてきたという思いが強い。経済の勃興期やバブルの時代、そして凋落の時代を、馬の背のような尾根道を用心深く歩く思いでやってきた。いまもまだその余韻の中にある。

信用もなく、財産もない人間が、ただ自分の若さと挑戦魂をよりどころに、未来の可能性を信じて、ともかく「事業」というものの真実を知ろうとスタートした私の事業歴、それもすでに三五年がたとうとしている。大きな野心ということではなく、ただ自己の力を試してみたい、努力して挑戦してみたい、との一念でやってきた歳月だ。

何かを手に入れようとしても、自然の流れに任せているだけでは何一つ掌中に収めることはできない。必ず手に入れるのだという、強い、持続的な意思を持ち、自らがそのために行動しなければ、何も手に入れることはできない。この思いが私自身の企業家としてのスタートの原点だった。

経営の師は、「世間そのもの」との思いをもちつつ、ひたすら突き進んできた。ほかに援助を乞わず、自分が何をなすべきかという志しと目的をもって考え、行動してきた三五年だ。自分の城は自分で築き、自らが守るという気概を決して失ってはならないと、自分に言い聞かせる毎日だった。

その頃、常々考えていることがあった。顧客や友人、その他の人々の信用を得るためにはどうすればいいのか、また人に好かれるにはどうすればいいのかということについてだ。事業を発展させながら、答えを発見した。それは、「ＧＩＶＥ」だ。自分はその人のために、どれだけのプレゼンスができるか、そのことを常に考え、努力していくことがもっとも大切だということだ。

同時に、人を敵としない心づかいをしていくこと。味方にならないまでも、敵対視されない常日頃の謙虚さと、自我を慎むことを心がけることが大切だ。

そしてこの頃に学んだ「誠実であること・労を惜しまぬこと・言い訳をしないこと」の生活信条を、今でも深く心に刻んでいる。

山もあり谷もあった多くの歳月が流れた。自己表現、自己実現の手段として自ら経営に取り組み、すべてがつながって、今の私がある。

その私にとって、「日暮れて道遠し」。感慨ひとしおである。

長年の事業の歴史を振り返って

私の事業歴をふりかえるとき、祖業としてクライアントの広告、コミュニケーションツール、その他資料を正確かつクオリティに徹して、より価値ある印刷物を創る事業がスタートでした。この事業で製品を正確にスムーズに創っていくことの大切さを学びました。

そして、その流れで新たに企画を考え、クライアントの新たなビジネス展開（新事業、新商品）において、要求される以上の制作物をスムーズに創ることに心がけてきました。

この間に経営のトップとして事業経営のリスクに直面した折の、その回避や克服のために努めて来て、さまざまな事業経営の経験を積み、また専門知識を習得しつつ、その後本来自分の携わりたいと願っていた経営コンサルタントとしての道を歩んでまいりました。

その後、事業継続の先にある、中小企業経営者が会社や個人において資産形成やその管理の重要性に気づき、数多くの苦い経験を通して来て事業の継続と併せて法人、個人ともの資産づくり、またその管理のノウハウも修得しかつ、あとに続く次の世代の人のために志ある若者たちの起業・独立の道すじを指導と育成、即ち「生み・育てる」活動をライフワークとして努めてまいっております。

この期間の大きな出来事で、特に記憶していることは、

◉バブル経済　一九八六年一二月－一九九一年二月までの　四年三か月間

◉長銀、日債銀破綻　一九九八年

◉リーマンショック　二〇〇八年　です。

これらの期間をどのように超えて来られたのか？　と振り返れば、私としてはあのバブル経済の入口と出口との間で一つとして本業以外に手を染めず、またそのこと（あらゆる投資）に興味も湧かず、こんな異常な時代はいつか終結すると冷めた気持ちでいました。

何故そうであったか？　と云うと自分自身が「世の中はそう上手くいことはない」いわゆる世間の怖れを知っていたからでした。

その後、二〇〇〇年代に入り、祖業の企画、印刷、広告の事業が複合的要因で急激な悪化、そのような環境化でも新たな事業をスタートさせ、事業の変革を断行して一定の成果を得て来ました。また金融機関との交渉で早めのリスケジュール（返済期間や金額の見直し）を提案し、考えられること全てを〝やり切る〟覚悟で臨んで来ました。

平成二〇年（二〇〇八）九月一五日のリーマンショックでもかろうじて影響が軽妙と考えていましたところ、共同事業の不動産事業での提携会社の数社が倒産し、予想し得なかった程の大きな影響を受けました。

大ピンチでしたが、創業来、自己資本の蓄積を厚くしていて、所有不動産もかなりありましたのでこれらを売却して、先ず銀行借入金の返済を最優先に考えて、日夜奮闘しました。

祖業や事業の先行きを考え、先ず身軽になるシンプル・イズ・ベストの対応策として、ビル事業においては、早期売却を決断し、それをスムーズに行うために第三者への賃貸をせず、後半期家賃収入の全くない状態での事業経営は本当に厳しいものがありました。それは私の知恵としてのいざ売却のときに、入居先とのトラブルと立退料などの多大な費用の発生を避けるためでした。

事業経営者の常ですが、法人借入金の連帯保証人としての債務も全うするために、個人所有で唯一の財産も売却いたし、全て返済が終わったのが平成二七年（二〇一五）一二月のクリスマスイブだったことが印象深く覚えております。

おわりに

創業来、顧客や支援の関係者に恵まれ、そして事業専一の気概の上に、今から思えば大いなる〝ツキ〟に味方され、自分の実力以上に事業成長の結果となりました。

前半は、私の能力を超える恵まれたチャンスをものにして、顧問税理士も銀行も認めるほどの成長を期しました。そのさなかに事業の先行きに何が「これで良いか？」の思いがふつふつと湧き、数多くの事業の発展と継続の手段を講じてまいりました。成果を得たもの、失敗で損失をしたことさまざまでした。

ここ一〇年余りは全くその逆で、何をやるにも上手くいかず、その後始末に孤軍奮闘のありさまでした。

ともかく全ての課題を処理して気がつくことは、この期間は自分が目指し求めるプロの経営コンサルタントとしての真の実力を蓄えるための試練だったのだと思います。

仮にこれらの経験をしていなければ、単に青くさい事業経営の方法論の講釈を垂れる、いわゆる〝口舌の徒〟のデモコン（喰えないからコンサルタントでもやるかの意・俗称）でしかなかったと思っております。

ここ一〇年余りの「事上磨練《じじょうまれん》」（実際に行動や実践を通じて、知識や精神を磨き修養すること）が自分をより高いポジションに昇らせたのだと、今では良き経験であったと思っています。

第二章

受けた恩は「恩返し」「恩送り」、それを次世代へ

昭和測器株式会社　代表取締役

鵜飼《うかい》　俊吾《しゅんご》

岐阜県瑞浪市に生まれる

私は、昭和一四年（一九三九）、岐阜県瑞浪市寺河戸町高月で生まれました。家業は炭鉱業を営み、山々に埋設している亜炭を採掘し、地元の陶磁器業界を中心に、広くは名古屋地域までも販売を展開していました。

母はもっぱら家庭を守り、その間、七人の子供を育て、父の事業を陰から懸命に支えました。私は四男三女の三男として生まれ、年子の兄とは、常に遊びも勉強も競い合っての少年時代を過ごしました。そのせいか競争心は非常に強く、負けず嫌いで、何事も勝負には異常なまでの闘争心を持つようになりました。

私が、岐阜県立瑞浪高等学校在学中ですが、時代のすう勢でエネルギー変化が起こり、石炭から重油へと変遷し、我が家もその時代の流れを読めず、倒産の憂き目に会いました。

父は、銀行からの融資を頼りに非常に厳しい経営をして、借金、借金ということで追われて、火の車。揚げ句の果てに、実家の家財道具は赤札が貼られ、競売となり、そして畳は全部取り剥がされてしまいました。家財道具も全部競売にされました。

家庭も崩壊しました。家財道具一切を競売で失い、兄弟は次々大病に見舞われ、生活は地獄のどん底に落ち、そのため高校の三年生時代であった私は、不良の頂点にまで落ちこぼれてしまいました。

悪行の数々、すべてが犯罪に近い行為で、不法行為すれすれの悪行を繰り返していました。

私は、やむを得ず進学は諦め、就職を選択。社会へ出て、三年間、わずかでも家計の助けをするため働くことになりました。

名古屋で会社を設立するも、わずか三年で倒産

人生は全てお金だと……、卑しい考えのもと、私は、昭和三七年（一九六二）、単身で名古屋市へ出向き、警報装置の販売会社を設立するも、自分の利益、目先の利益を追う卑しい商売では、わずか三年で倒産させてしまいました。

その後は、借金取りには追われ、遂には名古屋での生活も続けることができなくなりました。思えば、実家での借金まみれの生活を目のあたりにしていたせいか、お金に執着し、守銭奴として悪徳商法での生活になりがちでした。挙句の果ては、因果応報、身の危険を感じる日々を繰り返していました。

名古屋の駅裏の怪しげな明治の面影を残す旧中村遊郭の極貧アパートで友人と二人で家賃を割り勘で暫くの間、過ごしていました。やがては、そのスジの人たちに追われ、もう名古屋にも住むことができず、ついには、単身、夜逃げ同然にして東京の地を踏むことになりました。その当時のことを思い返すと、当時の私はすべてが無い無いづくしでした。金はなし、学歴はなし、頼れる縁故もなし、何の取り柄もない一不良青年でした。そして、追われるようにして上京しました

安岡正篤師との出会い

昭和四三年（一九六八）、二八才のとき、東京へ出て、かつての経験を活かした同業種の会社へ就職しました。このような私を一人の人間として扱って下さったありがたい会社があったのです。しかもそれが幸運にも素晴らしい次の様な会社でありました。

その会社とは、私にとって、まさに天の恵みというか、人生の大転換期となりました。そこで私の人生観は一変しました。と言うのも、その会社は、かの有名な安岡正篤先生のお世話もしている会社であったのです。

安岡正篤先生は、当時の総理大臣をはじめ、大手の政財界の重鎮が、就任と同時に挨拶にこられるほどの大先生であり、また、終戦の詔勅にも最終手入れされた、かの有名な人生哲学の大家であります。私が勤める会社は、安岡正篤先生が会長を務める全国師友協会を全面的にお世話する会社でもありました。そのような会社に、偶然にも就職できたのです。

私は、その協会の事務局へ頻繁に訪れて、時々、講話の会場設営のお手伝いなどをするようになりました。安岡先生は政財界にも大きな影響力のある東洋思想家でもあります。その先生から直接お声も掛けていただき、教えをいただくことが多くなりました。

先生のお姿は、いつも光り輝いていて品格がにじみ出ていました。

そのお手伝いの合間に、少しずつ、その講話を楽屋裏で聞く機会にも恵まれ、やがては先生とも挨拶をする機会もいただきました、ある時には、お声をかけていただくこともありました。そこでの教えは、私にとっては実にありがたいお言葉でした。それが私の人生観をも変えさせてくれるきっかけともなったのです。その後も、機会があるごとに、できる限り、毎月、その東京駅前の日本工業クラブでの講話には、欠かさずお世話をして片隅で傍聴し、いつもお話に感銘し、吸収に努めました。その教えが私の人生観の原点であります。

上京する前の、かつては醜い私の考えと言えば、自分に少しでも利を多く得ようと、徹底して人を押し退け、追い落とし、少しでも多くの利益を奪い取ろうと画策していました。まさに醜い利己主義が自分の生活のすべてでした。

しかし、先生の教えを受ければ受けるほど、物事の原点は協調である。相手様に対して、自分は何ができるか、何をすれば喜んでいただけるか。まさに、「利他の心」です。この精神が人間社会では基本でなければならない。これが共同生活の原点だと心に深く受け入れることができました。今までの自分の行為が、そのすべてが間違っていたと痛切に感じ入りました。実は今、反省すると共に、昔の自分は、まさに極悪状態のどん底に喘いでいた状態から、今度は崇高な境地に目覚めたから、この衝撃は、あまり誰にでもできないほどの大きな落差で、そのためか強く私の心にしみ入ったのだとも、今思えば考えられます。

そのためか、人一倍、深く素直に受け入れることができたのかなと、ありがたい、希少な天の恵みでもあったのかと思えます。この、ありがたい、自分への幸運を深く感謝致しております。

やがてこの利他の信念を基に、まともな人生を踏まなければと心に誓いました。その後も、四年間ほど、先生の講話を機会あるごとに聴き続けました。また、その講演会場の準備もお手伝いもさせていただきました。そうこうしているうちに、またまた幸運が私に巡ってきました。

人生は、悪い人の周りには悪い人が寄って来る。善い人には善人が寄って来る。しかもその人たちは、場合によっては力をも貸してくれる。このことわざ通りに、素晴らしい方が現われました。今回も、私は恵まれていました。ある人が私に目を掛けて下さいました。

若いにもかかわらず、安岡先生の講演の下準備やら、そしてお世話など、また熱心に人間学を学ぶ態度を見ていた、ある地方銀行の役員でもある東京支店長さんが、私に目をかけて下さいました。

その方に、私がもう一度、心を入れ替えて事業を起こしたいと申し上げましたら、快く承諾してくださって、資金面まで、手助けをいただきました。その後もしばらくは、手形割引から、銀行借入までお世話をいただきました。「これぞ人生最大の感謝」でありました。

東京でもう一度起業

三〇歳を過ぎた頃のこの時期、安岡先生の教えを基に、振動計測器の昭和測器株式会社を正式に設立することになりました。とんとん拍子に事が進みました。恵まれ過ぎではと、感じる日々でした。今思えば、これも周りの人々の、ありがたい思いやりを持つ崇高な人格者の方々のお陰でした。

それに引き換え、今までの自分は、浅はかな、間違った考えの嫌な人間だったなと思い知らされました。この様に自分の人生観を一八〇度改めることができたことについて、多くの人々のご親切、ご厚意をいただいて至宝です。これは今でも決して忘れません。心より深く感謝致しております。

「利他」「感謝」「陰徳」「喜神」という言葉

安岡正篤先生の講話の中でも、とくに身にしみた教えとは「利他」「感謝」「陰徳」「喜神」というお言葉をいただいたことです。

「利他の心」とは、まずは相手の立場を考える。お客様にとっての利点を考える。逆に自分のことばかり考えて、相手の立場を考えない。これは、いわゆる自分中心の利己主義になってしまう。商売の原点は人のためだったり、ちょっとでも世の中に役立ったりすることで、周りのお客様が信頼してくれるようになるというのがベースでなければならない。

「利他の精神から入って、お客様にはまずは満足をしていただくこと。事業を永続したければ、あえて利他から入りなさい。商売の原点であるそれを忘れて、底上げの菓子を売りつける様な魂胆でいてはならない」というものでした。

すべての人とは言いませんが、とても打ち解けあって、よい仕事ができるようになり、それを実際にやってみると、お客様や人と真摯に向き合うと、その内の幾人かのお客様は、同じ業種の知り合いを紹介して下さって、お得意様が広がったケースも度々ありました。その原点は「相手の立場や利点をまず考える」。これぞ「利他の心」だと思いました。

また「陰徳」についても、真の徳とは、徳は施したけれども、人には気付かれないような正義の陰徳でなければならない。誇らしげに自慢するような見せかけの徳であってはならない。また名誉欲、ましてや密かに何か見返りを期待するかの様な卑しいものであってはならないということです。

また「喜神」とは「物事には、辛いことや大変なこと、壁にぶつかることもあります。それは神がその人の力を試そうとして、その様な逆境に置かれているのです。そこからどう這い上がり、努力し、がんばり、やり抜くかを見ておられるのです。乗り切る努力をすることで自分の体力、気力、知力をも磨かれます。やがては満足のいく結果となる。そこに喜びを神が与えて下さる」というものでした。これぞ生涯の師との出会いと今でも感謝しております。この様な教えをいただき、自分の思いもやっと冷静な日々を過ごすことができるようになりました。その思いを持っての、この度の起業は、名古屋時代とは違い、「まずはお客様に誠心誠意を尽くす。これによって喜んでいただければ、巡り巡って注文・紹介が増えて、商いがさらに潤う」という「利他の心」を基にした事業の再開を始めました。

振動計測装置の会社を起ち上げる

その再度起ち上げた企業とは、かつては一度経験した火災盗難警報装置の通信機能の知識と、幸い私の兄が振動試験機のメーカーに関係しておりましたので、その振動知識の両方の利点を合わせもった振動計測装置の会社でありました。これが現在の事業の原点であります。

この振動計測技術とは、どの業種にも広く使われるという、将来性の明るい、可能性のある業種だと分かってきました。そこで「振動計測技術の分野で将来は日本一になろう」という高いビジョンを掲げ、覚悟を新たに致しました。

最初は製造部門を振動計の詳しい専門家に任せ、私はその会社を管理すると同時に、販売会社を主に活動を開始しました。それぞれが独立採算制としてスタートしました。

製造部門会社が倒産

しかし、しばらくすると最初の試練がやってきました。五年経過した時点で、生産をお願いしていた製造部門会社が倒産してしまいました。お得意様からは、従来製品のメンテナンスはどうする、今後の継続供給はと、多くの問い合わせやら、厳しい苦情などで、窮地に立たされました。また製造部門会社が残した約三億円強の多大な負債の後始末の対応にも日夜奔走し、債権者会議も開きました。忘れもしない、多くの債権者様に集まってもらい、平身低頭お詫びを申し上げ、許していただく限界までを懇願し、その後の結論は、長期での返済を私が責任を持って負うことを固く約束致しまして、お許しをいただきました。

やがては製造部門も統一し、製造から販売までの一貫体制での振動計の総合メーカーを創り上げました。幸いにもそのときの製造部門会社の責任者の一人でありました振動の専門知識と高い技術力のある大西建美氏にも加わっていただき、次々と新製品の開発を担当してもらい、またその後、長年にわたり経営陣の一人としても大いに協力をいただきました。

その間の開発製品の中でも特筆すべきは、当時の大手自動車メーカーさんは、競って新車開発には力を入れていました。中でも品質、性能はもちろんのこと、乗り心地、安全性において必要不可欠な振動解析における研究が盛んでした。そのための走行実験用振動計測装置は重宝がられ、そのための製品開発には大いに彼の力を借りることができ、我が社も徐々にではありますが成長していきました。

今思えば日本の自動車産業発展において、我が社もわずかですが貢献できたかと自負致しております。

正しい事業のめざめ

私は、昭和五五年（一九八〇）、四〇才になり、もう人生に惑いはなくなりました。かつて起業時の思い通りに安岡先生の教えを忠実に守る。「利他、感謝、陰徳、喜神」の心掛けでもって、良品質で、しかも適正価格での提供に努め、お客様に喜んでいただける振動計測器の提供を通して、適正利潤をいただき、なおかつ、社会の安全安心にも貢献する企業を目指すことに精励しました。

会社の理念「一灯照隅」

それによって、会社理念である「一灯照隅」「万灯照国」をモットーに、健全で長期安定経営を目指すことにいたしました。この言葉の「一灯照隅」は、安岡先生から授かった私の座右の銘でもあります。これは、一社が一つの灯火でもって周りの一隅を照らす、その様な会社が増えて行けば、いつかは国全体が明るくなるという意味です。自分の目の届くところだけでも照らし続ける会社にして、周囲を照らし続ける。これが企業の使命ではないかと考えるようになりました。

企業のあるべき姿

それでは、企業に対する私の思いについて少しお話しいたします。当初申し上げました通り、かつては、お金儲けがすべての自分がいました。しかし、そんな浅ましい考えでの経営では、やがては惨めな失敗に終わります。実際にその苦い経験がありました。前述いたしましたが、私の人生が一変するありがたい幸運に恵まれ、企業の本質を学ぶ機会に恵まれました。正しい事業の姿とは、まずは社員およびその家族の幸せ。そのためには会社の運営は、揺るぎない安定・健全経営と、自分たちの事業が世の中の役に立つこと、製品を通して産業界の一片を支え、お客様からは感謝され、喜んでいただく。このことによってまた自分たちも同時に喜びをいただく。これぞ企業のあるべき姿と考えます。

企業の姿は社員とその家族、そして関係協力会社の幸せ。その商いを通してお客様からは感謝をいただく企業でありたいとの思いでした。

そのために努力してきた事例をここに列記いたします。

1. 会社とは全社員の幸せを生み出す運命協同体。
2. 全ての社員は正社員で採用する。
3. 入社時、全ての社員に無償で株主に社員持ち株制度。
4. 社長も社員も同じ人格。役職が違うだけである。
5. 全て同列と考え社長もトイレ掃除、タイムカードをつける。
6. 社員からは真の信頼を受ける社長である。
7. 会社への頂き物（お歳暮、お中元）は全員で分ける。
8. 決算時は営業利益の一〇%を全員で臨時賞与として分ける。
9. 納税は出来る限り多く収めて、内部留保を多くする。
10. 役職者は接待ゴルフ接待会食しない。会社全体での年間交際費は総額で三〇万円以下。

以上が気付かされた主な項目です。これを長年の経験から少しずつ実施してまいりました。

無借金経営への道筋

全員で安定した企業を築き、将来の生活を安定させるためには、やはり想像以上に倹約・堅実・健全経営を共有することが重要であります。もちろん、これまでの努力とは、身の丈経営を心掛け、倹約に倹約を重ねての努力に負う点も多いです。その結果、我が社の自己資本比率は八二・五％に達しました。これは簡単に言いますと三年間、売上がゼロでも何とかなる資金の余裕です。このことが社員間の安心につながります。また社員間のモチベーションアップにもつながります。長年、借入金はしない、手形の割引もしないで無借金経営を継続しております。これも金利負担ゼロ円ですので、大きな経費節減の一つです。安定経営のもう一つの経営方針としまして、間違っても浮利を追わない。本業に徹する。往々にして、ある程度の余裕資金ができると、取引金融機関などから勝手な理由を正当化して、金融投資、投機に安全な国債、株式等の運用を勧められるケースもよく見かけました。我が社はこれを一切しませんでした。

かつては一九九〇年代の好景気、バブル時期にも日本中が投資に浮かれた時期がありました。我が社も、ある程度の余裕資金もありましたが、一切行ないませんでした。当時の多くの銀行さんは、いくらでも資金を出すから確実な資金運用をと積極的に勧めてこられました。本業に徹する企業運営が本当の中小企業のあり方であると私は信じています。

企業とは何のために誰のためにあるか

「企業とは社員とその家族と協力会社のためにある」

これが会社経営の基本であると確信しております。社内の関係は相互に愛し愛される関係が維持され、全員が一致団結できる組織体である。そしてお客様からは満足をいただく様に常に心掛ける。社員との信頼関係さえあれば、何事も乗り切れる。そのためには、社員は全員が正社員であること、社員全員が自分たちの生活を支える会社と理解していることが重要である。

弊社は入社の応募者が入社の年に、全員が株主となる。自動的に株を所持し、自社株購入代金は、その社員が毎年受け取る株主配当金の一部で株代金の長期返済と致しております。したがって本人は借金の感覚はまったくないように配慮いたしております。

高いモチベーションの基盤となるのは信頼関係にあります。常日頃からやらなければならないことは、やはり本業の企業の安定経営であります。長期健全経営に努める。社員とその家族と関係協力会社の幸せを維持する。ではその経営を行なう上で、大切にしていかなければならない心掛けについてお話し致します。

まずは会社運営の原点は「信頼関係」であります。特に社員が経営者を信頼できるかが重要です。「信頼関係は自分自身の心の反映であり、愛情のある信頼から真の信頼関係が生まれる」と言われます。信頼関係を維持するために実行している事例を一つ、ご紹介します。

グローバル・ニッチ・トップ企業を目指す

ニッチとは、職種としては誰もが簡単にはマネのできない隙間製品のことです。それを多市場・広域に商いのできるグローバル経営を展開する。かつ特殊な技術を有し、高度な知識と優れた顧客対応力を持ち続ける。すなわちオンリーワン企業が望ましいことだと思っています。やはり、やるからには、だれにもマネのできない最先端技術で製品を作り出す。お客様の要望されている、製品の開発に対応する力。高い付加価値を生み出し、お客様に大いに喜んでいただく。この点に向けて、トップも社員も徹底して全力を傾けている。予算で言えば総売上五億八千万円の半分の五〇%は、新製品開発および、お客様からの特注製品の製作に充てています。そこから毎年新製品が幾つか誕生します。これが時代に沿った企業の長続きする秘訣でもあります。やはり時代の変化は常にあります。一個ヒット製品が誕生すると、その時点で、これで行ける、この先、安泰と錯覚しますが、時代の変化は常に起こっています。近年、ますます変化は早くなる傾向ですが、その流れに沿っての経営がいつの時代にも重要であります。

企業は社員との共存共栄、そのためには安心経営、健全経営と、長期展望に立った、時代を先取りした長期開発投資が基本ではないでしょうか。現在の自己資本比率は八一・五%と非常に高く、安心経営を実現しています。そして先ほど触れました開発特注製品にかける年間売上額の金額比率は、昨年の全売上の四三%。その将来につながる開発製品に力を注ぐ。そのためには、やはり内部留保を厚くして、開発費の資金は自社で調達出来る体制が確立されていることも重要であります。

船舶の振動計測作業から自動車産業へ

振動計測器の技術開発と、その運営について、これまでの経緯について具体例を交えてお話致します。

昭和測器を昭和四五年（一九七〇）に法人組織として起ち上げました。当初は船内および甲板の振動計測を請け負う作業から始まりましたが、その後、その製品作りに専念しました。やがては自動車メーカーと共同で走行実験用の振動計開発、その後は、微小振動計測器の開発へと進みました。やがて超微小振動の一〇〇万分の一ミリメートルまで計れる製品の開発へと変遷しています。産業の変遷と共に製品開発も進み、大手製鉄所向け、やがては重電機メーカー向けとなり、エレクトロメーカー向けへと時代の移り代わりと共に進みます。やがては、多くの市場から、万遍なくお話をいただけるまでに製品ラインナップも揃い、現在ではいろいろな分野からお話をいただきます。

革新的ロングセラー製品の開発

また設立後しばらくして、自社での単独製品開発として、携帯振動計の「デジバイブロ」MODEL－1332を開発いたしました。これはヒット商品で全国販売となりました。この振動計は小型軽量でシンプルな操作性、センサーを押し当て数値を読み取るだけのスピーディーな計測方法で、革新的な商品としてロングセラーとなり、現在でも人気製品の一つとなっています。

電子顕微鏡から発電所、人工衛星まで

最近では、超高感度振動計を開発しました。独立行政法人理化学研究所の世界一の大きな次世代電子顕微鏡（高さ七メートル）を設置するときには、その顕微鏡にわずかでも地盤振動が影響をしていないかを調べる必要があり、そのための測定器として、超高感度振動計測器のお話もいただき、対応いたしました。

設立から三〇年、平成一二年（二〇〇〇）に入ってからは、三〜四年ごとに新製品を開発できるまでに技術力を高めました。電力会社向けに開発した「フィールドバランサ」は、電力発電所におけるタービンの回転のバランスを修正する計測装置で、全国の主要な発電所で使われメンテナンス時期を知らせる役割を担っています。フィールドバランサは発電所の安定的な運転に貢献しています。

また、「はやぶさ」で有名なＪＡＸＡに納入されている人工衛星用の地上加振試験用振動計測システムの加振試験にも使われました。最近では、国際標準化機構（ＩＳＯ）の国際規格に準拠したエレベーター振動分析装置の開発（日本初）に、海底地震の計測や天然ガスの発掘を目的とした海底地質調査用地震センサーの開発にも携わり、昭和測器の地震センサーが検討されました。このように世界的な事業にも貢献しています。

自社開発製品の売上構成比を五〇％以上にするという目標

では、どの様な仕組みでコンスタントに新製品開発ができるようになるか。昭和測器の経営目標の一つに自社開発製品の売上構成比を五〇％にするという目標があります平成二五年

（二〇一三年度の実績は四五％）。この目標とは、スタンダード品（カタログ製品）を五〇％で最低限の売上は確保する。その他の五〇％目標は、お客様からの要望製品、いわゆる特注要求製品とそのヒントを基に将来への自社開発製品の開発にも力を入れる。したがって、この製品の中にも利益を充分いただける製品も多く含まれています。この様にして営業と開発が特注品および新製品について積極的に意見交換をしています。

お客様が、この先欲しいと思われるものの情報を営業がキャッチして開発製造に提案してきます。その意見を基に他社の競合品よりも一歩先を行く製品を開発し、お客様へすみやかに提案します。まさに、営業と開発製造が一体となって、時代にマッチしたモノづくりが実現できているのです。現在も営業と開発製造が合同で五カ年の製品開発計画を策定する。その名も「5PRO 新製品開発設計会議」と言い、毎月開いております。

営業と開発一体となった製品開発

また、主要顧客である鉄道関係の総合技術研究所様へ、また大手重電機メーカー様などの振動計測を活用する先端技術部門の責任者には、今でも私が訪問し、今後五年～一〇年先の研究ニーズと要望を聞き出して、自社の開発製造に情報提供をしています。

では、なぜ営業と開発製造が一体となって製品開発に取り組めるのでしょうか。その理由として、①製造・設計・開発を経験した者が営業になるというジョブ・ローテーションを行なっていること。②全顧客（八五〇〇社）の社内データベースを基に、顧客ごとの生産・販売状況を、リアルタイムで営業と開発製造が共有していることが挙げられます。技術を理解している営業マンがＩＴを活用して顧客対応することで、顧客および開発製造への迅速かつ的確なフィードバックが可能になるのです。

これにより、需要予測の精度が向上して、在庫リスクが低減され、通常、二〇〇人ほどでなければ対応できないほどの多品種のスタンダード製品と、その他に見込み生産による短納期対応を、わずか二八人の社員で対応できています。定期的に実施している顧客アンケートでも「ハンディータイプで持ち易く微小振動も測定できて使い易い」といった製品の機能評価だけではなく、営業窓口も「迅速に対応してくれてありがとう」といった感謝の言葉もいただきます。また、営業サイドで、ある程度の技術的対応ができることも開発製造の負荷軽減につながっています。

製品に対する責任

品質の〝見える化〟に努めています。ISO9001（品質認証）、ISO14001（環境認証）および、製品含有化学物質管理認証を取得しております。この三つの認証を持っている企業は、日本でも数少ないそうです（平成二六年（二〇一四）時点）。

物つくり責任として、製品に対する責任は、お客様に対する思いという程度ものではなく、重大な責任を追っていることを強く自覚しなければなりません。食品業界においても混入物があれば消費者の皆さんの健康に直接影響します。また生命の危険におよぶ場合もあり得ます。食品に限らず、弊社の様な産業機械に設置して機器の管理に使用する場合でも、製品の不具合により大きな事故を引き起こす可能性もあります。生産がストップして多大な損失を出す場合もあります。ここまで考えますと、品質に対する重要性を全社員が自覚しての日常の生産に従事しなければなりません。また最近では、国の基準も産業機器全般に対して、製品に健康を害する物質の混入がないかの厳しい規制も叫ばれる様になりました。それをいち早く理解し、この品質、環境、含有化学物質管理に対する認証も取得致しました。

目先の利益は追わず堅実経営

身の丈に合わせて地道に振動技術に磨きをかけ、決して目先の利益は追わず、バブル期にも一切投資に手を出しませんでした。そして、四〇数年に及ぶ技術創造と堅実経営の結果、強固な財務基盤を築いています。

では、強固な財務基盤を実現する組織づくりは、どのように行なっているのでしょうか。まず、企業理念として「一灯照隅」を掲げ、「急成長は望まず、小さくても、健全でいつまでも生き続ける、人を道具扱いする組織にはしない」とし、「私利私欲に走らない。儲かるか儲からないかではなく、正しいか正しくないかで意思決定する」「質素倹約をモットーに営業経費は極力節約。例えば接待ゴルフ、接待会食は一切しない」などの信念を明示し、全社員で〝運命共同体〟の意識を共有する。

また、〝ガラス張り経営〟を実践し、月一回、月次の実績進捗状況を共有し、内部留保を増やすという方針の下、会社の財政状態も全社員に開示しています。「内部留保が増えた分、製品の価格に反映させて、お客様にとって価値ある値段で提供することで、評価が上がります。お役に立っていることを実感し、社員のモチベーションも上がります。

〝社員参加の共同経営〟

さらに、〝社員参加の共同経営〟を全社員が意識する方策として、弊社は、入社の年に全員が株主となります。自動的に株を所持し、その自社株式購入代金は、毎年受け取る株主配当金の一部で長期返済としています。従って本人には借金の感覚はまったくありません。株主配当は、毎年一五％が長年継続されており、そのうちの一〇％が株の代金として天引きされ、残り五％が配当金として株主全員へ支払われます。経営計画も全員参加で作成するなど、一致協力体制を意識して仕事に当たっています。

私は、ほとんど毎日、東京・八王子市にある工場に出勤し、そして、私も自らもタイムカードで出退勤の打刻をして、全社員と同じように、トイレ掃除当番も担当します。何事も率先垂範を旨として、業務体制は確立されていますが、人格に上下はありません。あるとき、社員が大病を患い一年間の療養生活を強いられました。その社員は製造部をまとめる役職についておりましたが、大事をとって一年間の休職扱いとしました。そして復帰後の役職も配属部署も、以前と変わらない対応を取りました。

また、平成二五年（二〇一三）の育休取得者は二人。実際に従業員二八人の規模で二人が育休に入るのは業務上、影響もあります。しかし、全社員が助け合いの精神で、不平不満も言わず役割を分担し合って、この場を乗り切り、産休・育休社員を支援してくれています。

受けた恩は「恩返し」「恩送り」、それを次世代へ

人生を振り返れば、様々なところで、多くの諸先輩から沢山の助けをいただき、今日の自

分があるのだなと強く感じます。それによって、今の自分は、成長できたのだと感じています。今となっては、その行為に対して、恩返しをしなければと思っても、もう残念ながらできません。すでに天国へ旅立たれた方も多いのです。

会社設立以来、一〇数年の歳月を経過した頃でしたが、長年にわたり気にはしながらも、毎日の仕事に対する全勢力を打ち込む状況から、人生の将来の設計を考える時間もできました。そこで大きな決断をすることに。結婚以来の一五年の団地生活を切り上げ、自宅の建設を決意しました。

昭和四五年（一九七〇）、私は、三〇才で結婚しました。全国師友協会（会長安岡正篤先生）の熱心なメンバーの一人であり、支援会員でもあった大手地方銀行の東京支店長さんが、私を、若いにも拘らず人間学を熱心に勉強する姿勢を見て、何か厚い信頼を得、その支店長の娘さんと交際をすることになりました。その後、交際は、やがて縁談としてまとまり、その全国師友協会の常務理事さんに仲人をお願いして結婚式を挙げることになりました。

今の自分があるのは、何もない、取り柄のない私に、暖かい愛の手を差し伸べて下さった、ある銀行の東京支店長でありました妻のお父さんを忘れてはならないのです。

そのお父さん夫婦をお迎えし、生活を共にして恩返しをしなければと、以前から密かに決めていました。そこで、この自宅の新築を契機にお迎えすることにしました。お部屋も専用の二間をご用意し、いつまでもお世話することができました。そのこともあってか、その後の我々夫婦の互いへの思いやりを築く基になっているのではないかと思っています。

何の取り柄もない、無能な私を引き上げて下さった。その後も事業の資金援助はじめ、心の支えまでもいただき、深く感謝致しております。またその娘である妻は、そのご両親の面倒を私が引き受けた約二〇年間において、実の親子が一緒に生活できたこともお互いが感謝し合うよい関係の基になっているかと思います。今でも私の面倒は献身的で、朝の出勤時にも必ず見送ってくれます。また東京で再就職した際に、安岡先生のお世話をしていた会社の社長さんと全国師友協会の常務さん、この両名にも感謝をしております。

また何といっても最大の恩人は、言葉に言い表せないほどの大きな恩を受けた、あの、政財界の方々もかつては師と仰がれた陽明学者の安岡正篤先生を忘れることはできません。その教えを、私は次の若い世代の方々への恩送りしなければなりません。できる限り機会があるごとに、努めたいとも考えております。

私を、人生、再出発へと導き、支援してくださった義理のお父さん。そして多くの先輩、友人、それに、長年にわたってお取引いただいた数多くの友人を忘れることはできません。

今となっては、その方々への恩返しをしようにも、どうにも叶いません。お父さんから受けた恩、そして自分の両親からも受けたその恩、そしてまた、その他にも多くの先輩から受けた恩を返すために、実は、現在、ある崇拝する友人で、親しくお付き合いをいただいている方の主宰する「経営いろは塾」で、私は顧問として次世代を担う若い人たちに、経営への経験に基づく実践学を伝承する機会をいただき、次世代を担う若者に対して私の受けた恩をバトンタッチできればと励んでおります。

ささやかではありますが、恩返しならぬ恩送りをさせていただいています。このような形ですが、今までにその多く方からの教え、実践術、経験談、経営訓を引き続き、恩送りすることが私の務めでもあり、使命でもあるかと最近では思うことがあります。

平成三二年（二〇二〇）、東京オリンピック開催の年、昭和測器は設立五〇年を迎えます。同時に私も結婚五〇年を迎えます、結婚以来、朝ご飯を作り、送り出してくれる妻に感謝をしています。その利他の心にも励まされ、七八歳になる今でも、仕事には、いつまでも頑張ろうという気持ちで、週、三日以上は出社しております。

物事に対して感謝できる人になりたい

経営者とは、起業して間もないときは、日々、辛いことが多くあって当たり前です。現に、私も起業して三年間は、いろいろと大変な思いやら、出来事にも遭遇し、一人奮闘しました。しかしそれを何らかの努力でもって忍耐強くやり抜きました。このことが後になって役に立っております。皆さんには、ここを聞いていただきたい。やがて、その後、いつの日か、ああ、あのときの苦労があったから、それで今の自分があるのだなと思える時が必ず来ます。その苦労の中にあっても、その中に何かよいことを見つけ出せるものです。そこに感謝の気持ちを持って接すること。そこには、必ずや成功の種が隠されています。ここに事の真理が存在します。「すべては物事に対して感謝できる人になりたい」と強く言いたいのです。

よく言われる「逆境は宝」とは、その経験が自分を成長させてくれるとも言われます。

経営者の心掛け

1. 社員及びその家族を大切にして、相互に愛し愛される人に。
2. 仕事を愛し、仕事を楽しんでやれる人に。
3. 仕事の納期、約束の時間をきちんと守ることができる人に。
4. 仕事は延ばし延ばしにしない。一日早めれば一日の余裕ができる。
5. いかなる仕事も人の先頭に立って行なうことのできる人に。
6. 自由かつ自律した考えを持ち、常に先々を考え創造できる人に。
7. 私心がなく相手の立場を考え常に公正に問題を解決できる人に。
8. 忙しい、疲れた、時間が無い、を言わない人に。
9. 逆境にあっても忍耐強く乗り切ることができる人に。
10. 人が見ていなくても、きちんと規則が守れる人に。

仕事への心得

1、仕事とは常に、どうしたらできるかを真剣に考える。
「難しそう」「時間がかかる」の否定言葉が駄目にする。
2、健全な考え方は「プラス思考」能動的に考える。
ダメだと思うとダメな理由ばかりが浮かぶ。
できると思うと次から次とアイデアが生まれる。

3、仕事は、お互いに尊重し合い、チームプレーが重要。
4、人を非難すれば、いつかは自分に跳ね返ってくる。
5、粗捜しをしても、その人は決して動いてくれない。
6、どん底に落ちたときこそ、良くなる方法を探して即実行。
7、仕事の面白さは待っても来ない、やる気でもって自分で方法を探し出す。

優良企業として最優秀賞を受賞

今年で四七年間の長期にわたり企業経営を続けて参りまして、今振り返ってみますと、これまで継続できましたのも、周りから、先輩からいただいた指導の賜物です。これら決して自分の力で勝ち取ったものではありません。その教えの多くは、いただいたものであります。それを次の世代の若者へ恩送りすることが自分に課せられた使命ではないかと考える機会をいただきました。その契機となったのが、ここで紹介いたします東京都信用金庫協会から優良企業として最優秀賞を受賞したという出来事です。

それ以来、各種団体、協会からも、そして多くの企業様からもお声を掛けていただき、私の拙い経験談をお話しさせていただいております。その一例をここに掲載いたします。

近年の経歴‥
二〇〇七年　東京都信用金庫協会より優良企業表彰で最優秀企業賞を受賞。
二〇〇八年　東京商工会議所主催の勇気ある経営大賞での優秀賞を受賞。

二〇〇九年　東京都まちみらい千代田から千代田ビジネス大賞の優秀賞を受賞。
二〇一〇年　法政大学坂本光司教授のグループより優良企業研究会・見学会の訪問を受ける。
二〇一一年　関東経済産業局の広報誌「いっとじゅっけん」にて企業紹介される。
二〇一二年　経団連労働政策本部発行の実務書に昭和測器の節電対策と共に企業実績を上げる
二〇一四年　ＩＳＯ一四〇〇〇環境マネジメントシステム認証取得
二〇一五年　長男を社長に、次男を工場長に任命し、自分は会長となる
二〇二〇年　昭和測器設立五〇周年企画行事を計画

受賞歴で特に印象のあったものについて

平成一八年（二〇〇六）三月、東京都の信用金庫協会が、都内対象企業三五〇〇〇社の中から今回の五四社の優良企業を選び、表彰した大会でした。この大会で、私共の昭和測器株式会社が優良企業として最優秀賞を受賞いたしました。その件について、当時を振り返り説明いたします。

昭和測器株式会社は、振動計の専門メーカーです。一〇ナノメートルの超微小振動を計測する計測器を製造する会社です。一ナノメートル（一〇億分の一メートル）の揺れ幅を計る振動計です。四〇年間にわたり振動計に関する研究・開発・製造をして参りました。多数の大手電機メーカー様をはじめ大学、官庁へ納入し、その貢献が認められての表彰でした。振動計といってもどんなところに、どの様に使用されているのでしょうか。少しお話しします。それは自動車、産業機械、航空機、船舶、電気機器、建築構造物など、様々なところで使わ

れています。私たちのイメージしやすい例で言えば、エレベータは、縦、横、上下の三方向で揺れが出ます。エレベータにとって〝揺れ〟は大敵です。基準以上の揺れが発生する状態になれば対策を取らねばなりません。人命にかかわる大事故につながる可能性もあります。現在、東京都の援助をいただいて、日本で初のＩＳＯ規格に準拠した振動分析装置を大手エレベーターメーカー様のご助言をいただきながら開発致しました。さらには電子顕微鏡の業界も絶対に揺れてはいけないものです。電子顕微鏡はナノメートルの単位の精度で利用されるものもあります。揺れがあっては使いものになりません。平成一八年（二〇〇六）には、世界一の精度を要する電子顕微鏡を設置している国の理化学研究所様が要求される、日本一超微小の振動を計る装置の競争入札があり、そこで我が社が落札し、製品を納入することができました。またその他にも半導体のチップを製造する工場なども同様で、大変に厳しい環境状態が必要で、少しの微小振動も許されません。

この様にニッチ市場ではありますが、最先端技術を駆使してのトップ企業としての活躍が認められ、この度の受賞につながったとの考えを持っております。その他にも受賞の理由としまして、考えますに、企業運営において見るべきものがあるとして、次の点を認めていただいたのではないかと考えています。

経営とは社員の幸せ、その家族、そして企業を取り巻く協力会社様とお得意様であるお客様に喜びを与えること。ご満足をいただくことが重要であります。これは我が社の設立以来の心掛けている理念でもあります。

企業は共同体。経営者は自ら率先垂範、そのすべてを行動で示す、そして公私のけじめはきっちりとする。たとえ小さなことでも、決して混同してはならない。経営者は、常に厳しい自己管理が重要である。また社員の自発性、創造性を育成し、それを尊重する。その実行例として、我が社では四半期ごとに行なわれている自己目標の申請制度があります。四半期ごとに全員が自分の仕事の目標を設定し、次の四半期にその実績はどうだったかを自己採点して、それを発表する。その内容は社内報で全員が知ることとなり、それによって誰がどの様に何を努力しているか、またそこに相互理解が生まれ、全員の一体感も生まれる。

この様に社員の共同理解、共同作業が行なわれます。その代わりと言ってはなんですが、皆さんの努力の結果次第では全員がその果実を分け合う共同体システムとなることです。会社の成績がよければその成果も皆で分け合う。賞与についても夏冬各二カ月、それ以外にも、毎年、決算賞与が現金支給されます。また、全社員の持ち株制度で、株配当も毎年一〇%以上が支給されています。これらのことが社員の経営参加へのつながる大きな動機付けにもなっています。また、社員教育も会社からの押し付けではなく、社員が自分から研究するシステムです。他人から言われて動く受け身社員ではなく、自ら動く積極社員が我が社を支えています。

最後に当時を含め、今も意識している経営者の条件とは、社員には腹を立てない。愛情を持って接する。目先の利益を追わない。本気になってお客様の満足を、そして感動をいただく。

今から思えば、この様な内容であったかと思います。いずれにしましても、表彰を受けた当時も今も強く感じることは、企業とは次の二点です。大事な点はCS（顧客満足）とES」（従業員満足）を重視しての経営です。これを認めていただいての受賞であったと今でも強く思っております。

徹底した倹約、節約経営

ここで先人の逸話ということで、日本航空、京セラの稲盛さん、それから松下幸之助さんとの会話をお話しいたします。「経営とは何ですか」と、京セラの稲盛さんがお聞きになりました。すると松下さんは「それはダム式経営だよ」と言われました。ダムとは、要するに内部留保のことです。自分の会社の水を溜めて、それを回せるというダム式経営を自覚していないと経営は成り立たないんだと。今度は稲盛さんが、「では、その重要性は何ですか。その手段は何ですか」と聞いたら、松下幸之助さんは、「それはまったく知りまへんで」と答えたというのです。「知りまへんで」とは、どういうことですかと聞いたのですが、このときの会話はすでに分かっていますけれども、稲盛さんは分かっていました。ダムを作るということは水を溜めるということです。その手段としては徹底した倹約、節約。これによって自己資本力を高めていかないと、経営は成り立たないということです。先ほどの、銀行の融資などをいただいて、それを上手く回して利益を出していくという発想ではダメだということを言っているのです。

見栄を張らない、虚栄心を持たない経営

そして見栄を張らない、虚栄心はいらない。このあたりを徹底的にやらないと、節約倹約にはなりません。このあたりはもう徹底する必要があるのかなと。これを理解しないと、経

営というのはどうしようもないのではないかと思います。だからまず、絶対的に、倹約と、見栄を張らないということを徹底する。これは実体験談なのですが、節約倹約ということに関しても、実は、私はケチな経営者というあだ名がついているぐらいですが、例えば会社の交際費は、今は、一年間で八〇〇万円まで使っても経費で落とせるのですが、一年間で何回使っても、会社全体でトータル合計は三〇万円以下という厳しい基準にしています。八〇〇万円から三〇万円ですから、あと七七〇万円は企業利益になるのです。そして税金を五〇%払うわけですから、四〇〇万円弱は税金となり、それを払う。この様にして節約をやっています。もちろん接待ゴルフ、接待会食などというものは、そこには入る余地がない。そういうことをやっております。

しかし、そうかといって何もかもやめてしまうというわけではありません。長期の研究開発、新製品、特注品ということに関しては、徹底して、やはり先を見た経営が必要です。新規開発商品という位置付けでは、スタンダードの売上額と特注品・開発品の比は五対五を目指しています。特注品および研究開発品の売上額は、全売上額の半分近くまでになる様に新製品開発には力を入れています。これは先を見て、どれだけ会社が先々を読んで、何をやっていかなければいけないかということが重要なテーマの一つだと。ケチって何もしなければいいというわけではない。売上増だけを願って新製品の開発を怠るようではダメであります。この両方がやはり必要なのではないかと、この様に考えております。

そして、見栄を張らない、虚栄心を持たないということが一番大事かなと思っておりいます。現在、我が社は自己資本率が八二・五%になっていて、四億円、五億円はすぐ使えますので小さなビルならば建てようと思えば建てられますが、一切、自社ビルは持ちません。会社も大きくしなくてもいいという考え方でやっております。もちろん、無駄遣いという意味では、それが無駄遣いかどうかは分かりませんが、必要でなければいいのではないかという考えを持っております。ビルを建てることを無駄とは言いませんが、それはそれで私の考えですから。

経費節減という意味では、ちょっと変わっているところでいきますと、冗談かというぐらい、ローンやレンタルといったものは一切やりません。車を買うときでも、二〇〇万円の車でもキャッシュでしか買いません。その代わり三社ぐらい呼んで、現金で買います。事務機からありとあらゆるものまで、経費で落ちるからといって、ローンやレンタルはやりません。とにかく、強力な価格交渉をして現金で買うようにしています。レンタル品というものは、一切、一つもありません。手形割引や借入の金利も、もったいないですから、一切、お金は借りません。今、金利で長い、高いところですと、三%や五%という金利がありますが、これは、私としては無駄だと考えております。投資投機ということも、一切やっていません。先ほども言いました国債や株も一切やりませんし、後ほど出てきますが、バブルのときも一切何もやりませんでした。とにかく利益としては、汗して得たお金以外には求めない。これを徹底しなければいけないと思っています。でないと、どうしても今言ったように、銀行さんでは「金を貸すよ」ということや、有頂天になって、よくなると、そういう汗しないで利益を得ることが目に映るわけですが、これは善し悪しという解釈で考えております。その先の考え方として、要するに、このあたりの考えは、何が儲かるか儲からないかで、「ああ、ここは貸しビルをしたほうがいいんじゃないですか。ビルを建てたら来年はもっと上がるのではないか」といった、儲かる儲からないに労力を使うということではなく、自分のやっている今の仕事が役に立つか、正しいことなのか、そういうことです。役に立っている仕事かどうかを基準に考える。これを徹底することが、企業の経営に対する考え方の、邪道というか、何でもかんでもお金を儲けていこうという方向へ行ってしまう。これを戒めているということになるわけです。

無借金経営がなぜいいのか

無借金経営というのが、なぜいいかというと、健全経営がお客様の信頼をいただくわけです。そして、その姿勢が、「あなたのところの会社は信用できる」と認められる。そして、「あなたのところとお付き合いをすると、長期で取引しても安心できる。あなたのところで買ったものは五年、一〇年、二〇年、三〇年と使える」という言葉をいただくこともあります。そしてまた、社員が安心して、うちの会社は安心安全でいいな、落ち着いて仕事ができるなと。そして、みんなでこの会社を健全に維持しようという方向へ、やがては伝わっていくということが、会社の継続につながっていくと思っております。だから、いい方向へ行くのかなと思っています。

一九九〇年前後にはバブル経済がありました。このときも、「あなたのところはお金も余っているし、そのほかにも資金はどんどん貸すから、株や投資をやらないか、土地を買わないか、マンションを買わないか」と。揚げ句の果てに、「絵を買わないか、ゴルフ権を買わないか」という話がいっぱいありました。「ゴルフの会員権を買ったら来年は倍になりますよ」という話がいっぱいありましたが、しかし一切こういうものには手を出さず、汗をかかないお金をシャットアウトするということでやってきました。これがゆえに、現在の私の会社があると言ってもいいぐらいです。

このような考え方で、無借金経営というのが、まったくすべてにいい方向へ向くのではないかと確信を持っていますので、まずは最初、融資から始めて云々ということもあるでしょうけれど、そこのところが狂っていくと、経営者の仕事の八割が資金繰りに回ってしまう。これは私も当初のころはやりました。実を言うと。嘘ではありません。起業一年目から、こんなにいいわけではないですから。ただそうしますと、ほとんどの仕事が、八割方が、資金繰りで飛び歩いているということになってしまいます。だからこそ、どこかで覚悟を決めて、倹約に倹約を重ねて、そして、やはりダム式経営に入って、水がたっぷりたまった運営をしなさいと。これは松下幸之助さんの体験された極意から来るものだと私は思っています。そこが一番大事なところかなと思っています。

もう一つ、無借金経営とは何かということを、よく聞かれますが、名古屋式経営というのがあります。これは実を言うと、私は名古屋出身なものですから、名古屋式経営が骨の髄までしみております。まずはダム経営のように、内部留保を徹底的に溜めていく。借金を嫌って、できる限り自己資金で事業を行ない、利益を内部留保として蓄えて、次の事業資金とする。現に世界一の自動車メーカーであるトヨタさんでさえも、このようにして名古屋式経営を実践しておられます。そしてこういう状態で、名古屋式の経営では、バブルのときも、私をはじめそうでしょうが、あの近辺では助かったという企業が多くあります。

私心を持たない、自分の利益を先に考えない

それから、私心は絶対に持たない。自分の利益を先に考えない。これを徹底することが一番だと思っています。自分だけが利益を得ればいいなどというのは、とんでもない話。すべてやることに対して、このことはいいことか悪いことかというのを基準にしなければ、絶対に企業は長続きしない。要するに、これは先ほど塾長が言っていらしたように、人間学というか、心の持ちようですね。こういう考え方がやはり必要になると思っています。笑われたり、「そんなこと言ったって」と思う方もたくさんいらっしゃいますが、やはり、これはこれで、今一度考えてもらえれば、ありがたいと思います。

納税についても、内部留保を徹底するためには、やはり納税を惜しまない。節税対策ということで、最近もセールスマンがいっぱい来ます。先週も先々週も、いっぱい資料が送られて来ます。社長は、家賃を払っているよりは、借り入れをしてビルを買って、賃貸で同額で資産を増やしたほうがいい。こんな話がいっぱい来ます。要するに、金を借りないというのは間違いだというようなことを言ってきますね。利益が出たら、そのときは役員報酬として、どんどん取ってしまいなさいとか、私から言わせたら何かわけの分からない話がいっぱい来ます。そんなことで、納税をゼロにすればいいとかいう問題ではないと思っています。ここでまずは徹底した倹約から、黒字経営へと向かうことを奨めます。最初からというわけにはいきませんが、少しでも早く、これから黒字経営へと転換していくというのを、最初に申し

上げました「覚悟を決めて」というところ。「そのうち、そのうち」という言葉をよく聞きますね。この「そのうち」ということが私は一番嫌いです。そのうちよくするから、そのうち無借金にするからという。それは、もうすでに覚悟が相当鈍っていると私は見ています。すごい覚悟だけど、そのうちやりますからって……。「そのうち」というのは私の大嫌いな言葉ですね。

経営者の強い覚悟

誰をも頼りにしない会社体制を築く。二年目、三年目、四年目、最低でも五年目には必ず作るのだという堅い覚悟。これが、どれだけ経営の初期の心掛けに必要かという意味です。もちろん交際費というようなものは、前回も言いましたが無駄遣いはしない。そして公私の区別を徹底しなければダメだというところがありました。これも常に心掛けなければダメです。公私の区別です。そして、これが社員との信頼につながって、みんなが会社を盛り上げてくれる。これが重要なことです。だから、金の使い方、金の縛りというものに非常に気を付けなければいけません。

日曜日に私が知人であるお客さんと食事をしても、こういうのは公私の区別ですから、お客さんと仕事の話をしたにもかかわらず、しかも、日曜出勤していても、その住所がたまたま自宅から一〇キロ圏内のレストランでしたから、これは個人負担にします。一〇〇％仕事なのですが。なぜなら自宅近くのレストランの領収書を、次の日に会社に出してごらんなさい。社員は何と言いますか。「何だ、上手いこと言って、領収書だけ持ってきて、社長は家族で食事して、その領収書を会社に回して」と経理部が言うに決まっています。だから、こういうものは一切出さないことです。公私の区別をはっきりさせるという事例です。

厳しい環境に遭ったときに忍耐強く乗り越えること

このときに、初めてその方の経営者としての第一歩が始まると思っています。その人がここを踏ん張らなきゃというところで、何が何でも頑張り抜く覚悟という言葉がここに出てくるのです。これをやり越すと、必ずその人は乗り越えたときに、見違えるほど成長しています。他者から見ているとわかります。それをやっていかない限り、実のある経営者にはならないですね。それを避けたり、逃げたりしていくというのは、経営者の初期で脱落と言った方がいいくらいです。そうかといって、人助け、社員助け、お客さんサービス、お客さんに利益を振りまいてばかりでは、会社が持ち堪えるかという反論もあると思います。しかし、経営者をやる以上は、利益を出さなければダメです。経常利益、営業利益、必ず一〇％以上は出さないと会社ではありません。これは売上を最大にするという努力。この最大にするという努力は死にもの狂いでやらなければダメです。

経費を最小にすること

ここのところも、皆さん意外と緩やかになるケースがあります。こちらが上手くいくと、こちらが緩くなる。利益を最大にしても、経費を最小に持っていく。これで利益が出てきます。この利益ばかりを追おうとする営業はよくないと思っています。これさえやっていれば、利益というのはあまり追わなくてもいいです。そうすれば、利益というのは自然と結果として出てくるのです。結果として一〇％、一五％の営業利益。「あれ、知らない間に今年の営業利益が一五％出てしまった」となるのです。

ところが、利益だけを追っていくというやり方は、最初から利益、利益というやり方は間違いです。必ず利益を先に追って売上を上げていくと、どうしても自己的な売上アップに持っていくのです。ちょっと高みに持っていこうとか、利益をもう少し上乗せしてとか、そこが間違いの元です。最大と言えども、正しい経営の売上を上げる。この最大という意味を勘違いしないでください。「ああ、暴利をむさぼる売上増大でいいのだな」というのとはわけが違います。たいてい、ここのところを勘違いされる人が多いことです。売上を上げるためには、少し安く仕入れてボーンと高めに売ってとか。ここらのぼろい土地をバーンと高く売ってとか、売上を最大にするというのにはそういう勘違いが多いです。真っ赤な間違いです。

ここで経費の節減というものも、もう少し触れさせていただくと、例えば前回も申し上げたかもしれません。二度目になりますが、

一円の節約は一円のプラスになる

私どもの標語は、「一円を節約すれば、一円のプラスになる」。こんな簡単なことを社内の標語にしてやっております。たった一円の節約で、それが一円の利益になってしまうということです。当たり前ですよね。一円を節約すると、その一円は利益になるわけです。一〇円を節約したら一〇円の利益に決まっています。こんな簡単な計算はありません。だから、こ

この一番でも足し算、引き算ですからね。利益とは売上から経費と、変動費を引くだけの引き算ですから、そうしたらあとは利益が出てくる。これはみんな単純に考えた方がいいのです。これも引き算だということです。

うちは試験機とかの買い物のやり方というのも、ほとんど中古品を買います。最近は中古品などでも、結構使えるのに、すごく安い価格で売りに出しているのです。あれはどうしてだろうと思うくらいです。それで買ってみると新品同様なのです。それが正価の五分の一くらいで買える。それを「せこい」と言われても、いいのではないかというくらいに私は思っています。このように、皆さんが聞くと、あまりにもがっかりされるようなことばかりかもしれません。「倹約」という良い言葉がありますが、私の頭の中では「ケチる」と言っています。これはあまり言いたくないですが、実を言うと同じ意味なのです。こんなこともやっております。このようにして続けています。

リーダーの務めとして率先垂範が大事

これをやらない限り、口先だけで社員は絶対についてきてくれない。これをやってくれ。あれをやってくれ。命令ばかりでは、始まりません。リーダーができることは進んでやる。これが一番大事です。また私の気に入っている言葉に担雪埋井《たんせつまいせい》という、ことわざがあります。これは、雪を担いで井戸に埋めると書いてあります。これは何の意味かというと、読んで字のごとく、井戸の中に雪をぼんぼん入れていくわけです。そうすると本当は積もってくれるといいのですが融けていってしまうのです。水の中ですから当たり前です。

私も、このような経営塾で講義を行ないますと、先月も言った、今月もまた言ったと、度々言いますが、これも雪のように融けていくのです。これは皆さんに失礼ですね。「いや、私は違うよ」と言われる方が皆さんの中にはいらっしゃるでしょう。これが何度もやることによって、反復することによって、やっと分かってくるのです。だから、繰り返し繰り返し、大事なことは、忘れないで思い出しながら自然と自分の身に付けることです。

仕事を好きになるということ

次に、仕事がまず大事というのは、仕事を好きになるということです。これはなかなか難しい。皆さん、結局は早く片付けたいとか、早く帰ってゆっくりしたいとか、仕事は仕事だからやむを得ないな、などという考えでやっているうちは、会社は黒字にはならないのではないかと私は思っています。

とにかく仕事が好きで好きでしょうがない。日曜日も土曜日も、本当は会社に行きたいけれど、社員の手前、こっそり家で仕事するかというぐらいになることです。これは自分のことだけではなく、社員でも同様です。ここのところは大事です。社員が、嫌だなこの仕事は、辛いな、大変だな、私だけにこんな辛い仕事を何で全部振ってくるんだろう、嫌だなと陰口を言う。こういう社員が多くなるか、仕事が好きな社員が多くなるか、これが会社の大きな別れ道です。

では、どうしたら仕事が好きになるかですが、そんなことは百も知っています、好きになると言っても、嫌いなものは嫌いでしょうとなるはずです。私は説得力がある言葉が言えるかどうか分かりませんが、例えば、箱詰めをやらなければいけないとします。ある大きな会社の運送担当部に勤務する人が、毎日、荷物を箱に五〇〇個詰め終わると、大体五時になって帰れる。そういう仕事をやっていると仮定します。今日も五〇〇個も同じことを詰めて、早く時間がこないかな、本当にこんな単純な仕事をやらされて。嫌だなと思うのは、一〇〇人中九九人です。これは仕事が嫌になってやっていることです。ところが、これを、めちゃくちゃ好きになってやっている人がいます。そんな仕事、誰だって好きにならないに決まっていると思うでしょうが、そこが考えようで、この箱詰めをした時に、この大事な荷物をお客さんが開けたときに、きちっと入っているな、間違いないな、気持ちがいいな、お客さんが、私の包み方、やり方で、開けて間違いがなかった、過不足もなかった、すごくきれいな包みがしてあるじゃないか、よかったと喜んでくれるだろうと、喜びを期待してその仕事を一生懸命やっている。相手が喜ぶという気持ちが、自分の仕事に熱中できている。だから毎日その仕事が楽しいと言ってくれた人がいる。

これが同じ仕事でも、好きになるか、嫌になるかの分かれ道です。これが一つヒントになるかどうかわかりませんが、物事とはそういう考え方もあります、ということを、私はここで単純に、自分の仕事を好きになるというだけで終わらせてしまおうと思っているわけです。そのような考え方が、ここの中には含まれています。

寝る前に五分、よかったことを思い出して寝る

これは私も実行しています。大抵は寝る前は、普通、嫌なこととか、今日あったこととか、辛かったこと、あの人があんなことをしたとか、私はこんなにしたのに、あの人は分かってくれないということで寝る前に悩む。そうではなくて、寝る前五分だけは、あの人はこんなことしてくれたとか、ああ、よくやってくれたなとか、あのことがよかったなと思いながら、五分前だけはよかったことを考える。寝る前の五分だけは。そうすると朝、気持ちがいいのです。嫌な思いで寝て、夜中の三時か四時頃、嫌な思いで目を覚ますなどという最悪なケースはやめて、朝はすっきりさせる。この朝のすっきりというのは、私から言わせたら一〇〇万ドルの価値があります。

早寝早起きをする

私は今五時半に起きていますが、朝食もゆっくり取って、新聞もゆっくり読む。電車の中で、混みながら手を広げて新聞を読んでいる人を見ると、ああ、あの人はダメだなと思っています。朝ぐらい早く起きて、新聞読んでゆっくりして、一休みして来ればいいのに。電車の中の周りの人が嫌な顔をしているのに、どうしてあんなに新聞を、携帯を、スマホを広げているのだろうか。朝はゆっくりと出かける。ちょっと見ただけで、電車の中での、あの人とあの人とあの人はだめだな、という判断を、私は時々思います。

大事な家族のサポート

次はちょっと恥ずかしいような話かもわかりません。私が朝出勤するとき、妻は必ず笑顔で「いってらっしゃい」。今日も「いってらっしゃい––」。私は、これを言われると、今日も一日頑張るか、これにつながってしまいます。これで四七年間やり過ごしています。松下幸之助さんも、五〇〇〇人の前で、私が、この松下があるのは、この家内、奥さんのお陰ですと言って奥様を紹介したという記事があります。そのときに、ああ、そうか、松下電器も、幸之助さんじゃなくて奥さんの力があっての成功かと私は思いました。

家族を大切にするというやり方です。これはちょっと格好よすぎるかもわかりませんが、私の信条としては、お互いに相手の立場を考えて、こちらから何をやるというような、あなたはこれをやってください、あなたはこれやってくださいねという形ではなく、私はこれをやりますよ、これもやりますよと言う意志表示です。逆に、そのことは私がやるから、というように積極的に行動を起こすこと。だから、お互い仕事が気持よくできる状態になってくるのです。前にも言いましたけれど、私の妻は、私が会社に行くときには、今でも「いってらっしゃい」と言ってくれます。そうすると私も、それじゃ、会社に行ってがんばってこなきゃあ、そういう気持ちになります。ところが、けんかして出勤の折りに奥さんは寝ているとなると、会社へ行っても面白くもない。それどころか、パチンコにでも行って、気を紛らわそうなどとなってしまいます。

日頃から妻と行動を共にするということ。月に休日の二回以上は、近くに散歩とか、近郊の花壇とかへ出かけ、今はコスモスがきれいだよと声を掛け合いながら、行くように心掛けています。これも自分としては進んでやっております。家族が精神的、経済的に不満の出ないようにする。これはただ単にお金の問題ではなく、、精神的に無理なことをお互いに要求し合わないことと、それに贅沢は戒める。贅沢なものは慎む。ブランド品は、我が家では、妻も私も一個もありません。皆さんは、そんな生活では、私は嫌だなとおっしゃる方もいらっしゃるでしょうが、それが欲しいけれど手に入らないとなると、欲求不満となります。そこでモノは考えようです。「足りる」ということを知ってしまったら、物事があるもので足りているのであれば、それで満足は達するわけです。気持ちも落ち着いてくるわけです。

次に大事なことは、兄弟、親戚、友人を大切にすることです。これも当たり前のことです。兄弟、親子、親戚、非常に仲良く付き合うことは重要です。

私の好きな言葉、「利他の心」

これは相手の立場を考えて仕事をすれば、必ず相手が自分を認めてくれる。これが経営の基本中の基本です。それから「率先垂範」は、経営者は人に命令だけをしているようではダメです。自分からやるしかない。それと「一灯照隅」、この言葉は、以前は一隅を照らすと私は言いましたが、今は「一灯照隅」、一カ所の隅を照らすということを、企業、自分の会社だと思っているので、それを一生懸命行なえば、そういう考え方の正しい会社がたくさんできる。一〇〇〇個、一万個、一〇〇万個とできる。灯が一〇〇万個できたら、「万灯照国」で国も明るくなってくる。社会は明るくなる。だから自分が日本中、世界中を明るくしようなどと思わなくても、一つの隅を一生懸命明るく照らし、多くの会社がそうなれば国は栄えます。

時間を必ず守る

私は約束をしたときに、五分前には必ず着くようにしています。一時と約束をしたら、五分前には着かなければいけない。でも五分前でも、それが何かの理由で遅れるといけないので、そのまた前に一〇分入れて、ダブルで組むということをやります。

だから、なんでもかんでも、時間とか約束に関してはダブルで組みますので、一五分前には大抵着いていると思います。その一五分の待ち時間が長くて退屈しますが、そういうやり方をやっております。それから、自分の仕事は延ばし延ばしにしてしまうことがあります。どうしても、そうなりやすいものです。ですから、こういうことをすると、一日一日と後の方へと詰まっていってしまう。だから、そういうことを心掛けなければいけないと、強く自分を戒めておりまして、なるべく早く、スピーディに要領よく仕事を済ますことが肝心です。明日があるから、明日でも間に合うというような仕事を作らない。ここのところが別れ道です。明日までにやってもまだいいんだよと思うのではなくて、明日は明日で、またほかの用事が入るわけだから、明日やってもいいやというようなことを考えないことです。

健康管理を心掛ける

経営が上手くできても、体を壊したり、健康を害してしまい、経営が傾いていく会社を多く見てきました。ものすごく上手くやっていた人が、病院通いになったり、入院したりして、やがてその会社は、段々と元気をなくしていくというのは、私も長年のお付き合いの関係上、知り合いの方々の中にもいらっしゃいます。

健康管理は、ついつい後回しとなることが多く見受けられます。これを後回しにしたら会社は潰れます。正直言いまして、大変なことをやっちゃったら、間違いなくつぶれます。清算しなければいけなくなります。

逆境にあっても忍耐強く乗り切る

私は二五歳で一度会社を潰し、それを乗り越え、また作った会社を三年でまた潰して、また起ち上げてというようなことをやってきましたが、それを諦めないで、そこで、もうダメだと、さじを投げることだけは、一切しないことです。忍耐強く、何とかなると。ネガティブではなくてポジティブにと一般的には言いますが、何とかしたい。こうしたらできるかを考える。ここで弱気の人は、ダメな理由を一生懸命考え出します。あれがこうだから、ダメなのだ、あの人はこうだからダメだとか、この品物はこういうふうだから売れないとか、この場所が悪いから、お客が悪いとか、もうキリがないほど出てきます。これは乗り切ることができる人にはならないのです。乗り切る人は、ここをどうしたらいけるか、何とかしたら乗り切れるかという考え方で、常に頭をいっぱいにするということが大切です。この一言で逆境に遭っても、ここでは忍耐という言葉を使っていますけれど、強くそれを乗り切っていくことです。これが逆に、ここで脱落する人かどうかです。ここを乗り切った人は、びっくりするほど､成長してきます。人が一回り大きくなります。これを申し上げたい。「逆境は宝」だとも言います。

起業をめざす若い方、次世代の方に、いろいろ書きましたが、この中でストーンと自分の気持ちに入るものが、一つか二つでもありましたら、うれしい限りです。

事業継承

つい先日、平成二七年（二〇一五）八月、長男との、そして次男とも一緒に、三人で事業継承の具体策について軽く話し合いを持ちました。やはり、うまくやるには、よく詳細についても、時間をかけて話し合うことが大事だなと感じております。互いが「譲り合い」の精神を持って話し合ってくれていて、現在、安堵している次第です。

第三章

一度きりしかない人生

株式会社山根電設　代表取締役
村山《むらやま》　壮人《さかと》

一度きりしかない人生なんです

どうせ人まねをしながら生きてきたのが今までの人生。

前任者がやってきた通りにやっていれば、大抵の場合、たいした間違えをしないですむ。大きな組織になればなるほど、そうした仕事のやりかたが無難だ。生活も安定する。さして非難もされず、そこそこの成果も挙げられる。

長く勤めていれば、主任だ、係長だ、課長だと肩書きもついてくる。

「同期の中で一番最初に課長になった」と自慢話をしながら酒を酌み交わすこともできる。

「今期の売り上げは俺が一番」

「いやいや、営業利益では俺のほうが上だ」

「大口の契約を取ってきたのは私だよ」

「私はクレームがひとつもなかったわ」

「遅刻も欠勤もゼロだった」

結婚もした。子供も二人になった、三人になった。マンションを買ったよ。ちょっと遠いけど郊外の一戸建に住んでいる。犬が飼えるんだ。

「娘が、○○高校に合格しました」

「息子が、○○大学に合格しました」

永年勤続で表彰されました。妻と二人で海外旅行に行ってきました。

健康診断で血糖値が高いと言われました。血圧の薬をもらったけれど、ときどき飲み忘れるんだよね。初めて胃カメラを飲みましたよ。ポリープを採って検査してもらったら悪いものじゃなくてホットしました。長年我慢してきた痔の手術をすることにしました。妻がね、乳がんの疑いで精密検査を受けなければならないんです。「きっと、大丈夫だよ」と慰めているんですが、私のほうがめげています。

私生活の面で特別な悪事をしないで生きてきて、消防団だとか、交通安全に協力しただとか、曲がりなりにも社会的な貢献が少しでもあれば、○○勲章も夢ではありません。こうした人生を決して否定するものではないし、りっぱな生き方だと思います。人の物を盗んだわけじゃないし、社会にさほど迷惑をかけてきたわけじゃない。人を殺したわけでもない。自分の生活を自分の働きで賄ってきたのだから、大したもんです。

でも、それに飽き足らないで「平凡な人生なんてクソくらえ！」と飛び出す人がいます。かっこよく言えば「独立」、「起業」、「脱サラ」です。

決して楽なものではありません。冒険です。危険、困難は当たり前です。誹謗中傷は雨あれのごとく降り注ぎます。生活が脅かされます。

それでも挑戦してみましょう。一度きりしかない人生なんですから。

そうした「馬鹿」がいなくなったら、世の中は「屁」みたいなものになりますから。

おばあちゃん、大好き

私は昭和一九年（一九四四）九月三〇日に生まれました。

生まれたところは新潟県津南町上郷加用。冬になると、今でも三メートルから五メートルの雪が積もりますが、森宮野原というJRの駅前には七メートルの日本積雪記録の碑があります。

さて、私の子供の頃の話ですが、

まだ満一歳にもならない私を「つぐら」という藁《わら》でできた篭に押し込め、詰め物をして手も足も動かせないようにして母は野良仕事に励んでいました。いま、保育園でこんなことをしたら「幼児虐待だ」と大騒ぎになります。

でも当時は、幼子《おさなご》が勝手に動き回り、玄関三和土《たたき》の固い床に落ちて怪我をしたり、囲炉裏に転がり込んで火傷を負ったりするよりもずっとずっといい方法だったのです。

私が意思表示できるのは、ひたすら泣くことだけです。その泣き声で私が何を望んでいるのか聞き分けてくれたのが祖母です。おばあちゃんです。

オシメを取り替えてくれたり、母乳のしぼり置きや、ヤギの乳を温めて飲ませてくれたり、顔じゅうにまとわりつく蠅を追ってくれたり、「つぐら」の下に竹の棒を挟んで、小刻みにゆすって寝かしつけてくれたんです。

おばあちゃんの両方の手指はリュウマチの後遺症で曲がっていました。痛みもまだ残っていたんでしょうが、台所仕事を一手に引き受けていました。夏には庭先で出来たトマトやキュウリを水盤に浮かべて冷やしておいて食べさせてくれました。冬は、囲炉裏の灰の中にサツマイモをうづめておいて、石焼芋ならず灰焼き芋を作ってくれました。

大好きな大好きなおばあちゃんは、私が一二歳の時死にました。

形の上では、高齢者が（七七歳）風邪をこじらせて死亡したことになっていますが、私が死に至らしめたんじゃないかと今でも悔やんでいます。

小学校六年生の暮れに、いわば子供の忘年会を我が家でやりました。その時、私に恥をかかせないように朝早くから寒く冷たい水盤の前に立って沢山のご馳走を作ってくれました。その翌日から寝込み、一月後に亡くなりました。

我が家は父が行商で現金収入を得、百姓仕事はもっぱら母の役目でした。お風呂も毎日は沸かせないほどの貧しい家でした。それでも何故かよく人が集まる家でした。

一三戸の小さな集落でラジオを持っているのは我が家だけで、毎週一回、ＮＨＫの娯楽番組で浪曲、漫才、落語などの放送がありました。それを聴きに、夕ご飯を終える頃になると集落の人たちが集まってきました。特別の扱いをするわけじゃないのですが、おばあちゃんは集まってきた人たちに分け隔てなくお茶を出し、沢庵漬や野沢菜漬などあるものをお茶受けに出してもてなしていました。

見知らぬお客がよく泊まる家でした。

盲目の三味線ひきの瞽女《ごぜ》が二～三人でやって来ると、ありあわせのおかずで夕ご飯を出し、お風呂に入れてやりました。遠慮して、必ず終《しま》い風呂にしか入りませんでしたが殊のほか喜んでいたのを思い出します。

私が独立起業したとき、「欠陥を見出し、使命に生きる」と企業理念を墨書して掲げました。これは要するに「自分の出きることで世の中に奉仕しよう」ということです。

後に書物で出会い、私の人生哲学を導き出してくれた後藤静香の提唱でもありますが、おばあちゃんの生き方そのものが既に私を形成してくれていたんだと思っています。

おばあちゃんは、貧しい農家に生まれ、もっと貧しい我が家に嫁いで来て一所懸命に働きながら三人の女の子を生み、「跡取り息子も産めないのか」と悩み、リュウマチを患い、痛い痛いで十数年を過し、自分の名前すら書けないくらい勉強などさせてもらえなかった明治初期の女性でした。

学問や学歴はなかったものの、高ぶらず奢らず真摯に生き抜いたおばあちゃん大好き！骨惜しみすることなく、誰にでも精一杯のおもてなしをしていたおばあちゃん大好き！

われ十有五にして学に志し

庭先に鼬《いたち》や狢《むじな》が出てきて鶏や兎が襲われたり、五〇メートル先の栗の木をリスが駆け登ったり降りたりするような自然たっぷりの山村で小学校生活を過しました。

行商では先が思いやられるとして、一年前から町に店を出していた父は、私が中学生になると丁度いい働き手になるとして町の中学校に私を入学させました。

お百姓さん相手の種子販売業のほかに生花店を始めました。まだ絹織物が盛んな頃で五〜六人の女工さんを抱える機織《はたお》り工場が沢山あって、書道、お花、お茶の教養を女工さんたちに身につけさせることが当たり前になっていました。

そうした稽古場に花の配達をし、朝晩は店の花桶の水を取り替えるのが私の日課でした。

中学二年生の三学期になると、八つ年上の兄から東京の中学に転校しないかと声をかけられました。兄は中学卒業後に上京し、夜間高校、夜間大学を出て司法書士事務所で働きながら司法試験を目指していました。

その経験から都立高校に入れば大学に進み易い。都立高校に入るには一年以上都民でいなければならない。だから転校しないかということでした。

節穴をくりぬき上手に細工して将棋の駒を埋め込んだ一枚板の文机を貰って、昭和三四年（一九五九）三月、都立高校から一流大学をめざして兄の待つ東京江戸川区にやってきました。

中・高校生時代

朝夕一時間ずつのアルバイトは犬の調教。それが自力で生きるための必須要件。六〇キロもある秋田犬に運動させることは私の運動にもなっていました。四年間、犬に生活を支えてもらったようなものです。

転校した中学三年の一年間は猛勉強しました。担任の国語の先生と音楽専科の先生には格別のご指導をいただきました。今ある国語力のほとんどはその時に鍛えていただいたものですし、二〇点位しか点数を採れなかった音楽が、夏休みに一週間個人レッスンしていただいたお陰で、九〇点以上採れるようになりました。

その反動で高校三年間は柔道、演劇、落語に夢中になって、親や兄たちが期待していた「いい大学」への夢をあきらめ、高校を卒業したら噺家に弟子入りしようかと思ったこともありました。

発端は、新潟訛りで馬鹿にされ、今で言う「いじめ」にあったので、正しい話し方、歯切れのいい「江戸弁」で話してみたいと思ったことからでした。

「とにかく、一人くらいは昼の大学へ行ってくれ」

という親の切実な要望で大学受験に挑戦しましたが、自力生活しなければならないので、私立で一番授業料の安いところを探しました。

結局、兄が卒業した中央大学に合格したのですが、司法試験をめざして馬鹿みたいに勉強する兄の姿をみていたので、法学部ではなく経済学部を選びました。法学部だったら多分合格していなかったと思いますが…。

二束の草鞋《わらじ》

大学一年生＝社会人一年生という二束の草鞋生活が始まりました。

これまでもいろんな仕事をして自力で生きてきましたが、どれもアルバイトでした。

今度勤める会社は、大学生ながら正社員として採用されました。見たことも聞いたこともない仕事をする会社でした。

それまでは警備員を置いたり、社員が宿直して会社を守っていたのをやめさせて、「夜の守りはお任せ下さい」と警備を請け負う会社が出来たんです。日本警備保障（現・セコム）です。

勤務時間　１７：００～０９：００（仮眠3時間含む）
勤務形態　３日連続勤務後、１日休み。２クール後さらに１日休み。
勤務場所　都内各所
月収　　３０，０００円位

会社は中央大学のすぐそばにあった三四ビル七階。募集は秘密裏に行われ、弁護士を目指す中大の司法研究室生がターゲット。人様の財産を見守る仕事を任せるのだから、法律家を目指す人ならば、よもや悪事を働きはしないだろうというもくろみだったと思います。

電話で問い合わせると、身元がしっかりしているなら大学生でもいいというのです。ここに採用されたら、昼間の授業は受けられる。喜び勇んで行ってみると三四ビルはあるのですが七階がありません。一階に下りて、もう一度公衆電話で確認すると、

「六階まで来たら、廊下の突き当たりの非常扉を開けて外に出てください。そこにある階段を登って来て下さい」とのことでした。

確かに七階です。そこには六畳くらいのプレハブの小屋が二つくっついてありました。ここが日本の警備会社発祥の場所です。

基礎訓練は米軍キャンプで警備経験のある人と、警察上がりの人に教えてもらいました。敬礼は必ず右手でするものだと言われましたが、なぜ右手でなくてはいけないのか未だにわかりません。ただ、若きエグゼクテブと自ら名乗っていたように、創立者の飯田亮さんは背が高く格好よく、創業の苦しみと楽しみを沢山語ってくれました。

「他を律する者に課せられた責任」
「人は信用するものだが、信頼してはならない」
「百点じゃなければ、零点だ」
「あいつは辞めさせたくなかった。泣いて馬謖《ばしょく》を斬るの思いだ」

「金はやらないが、仕事をやる」

「決裁権を持つ人の責任と判断」

「日本の商慣習をぶち壊してやる」

「金は前金に限る。男と一緒だ」

「金を回収して初めて営業の仕事」…まだまだ沢山あるが、極めつけは会社のモットーで
「誠実　責任　機敏　奉仕」です。五五年経っても私の脳裏から離れません。

ジョン・F・ケネディーの衝撃

社会人一年生として日本警備保障に勤め、大学一年生として中央大学経済学部の学生として（二束の草鞋）生活を始めた一年目の昭和三八年（一九六三）には大きな出来事が沢山ありました。

この中で、一一月二三日のテレビ宇宙中継テストは日本中の人が固唾を飲んで見ていました。私はたまたま警備の仕事先がナショナル（現・パナソニック）サービス足立支店でした。沢山の修理調整中のテレビが一晩中つけっぱなしで様子見をしていましたので、館内を一巡した後は自由にこのテレビが見られました。

初の宇宙中継が成功するのか？　そのことに気をとられていたところに、第一報はアメリカ三五代大統領ジョン・F・ケネディーがテキサス州をオープンカーで走行中、凶弾に倒れ

頭の骨や肉が後部座席に飛び散る映像でした。
四三歳で就任し、キューバ問題でソ連との核戦争が始まるか否かの危機を解消し、さあ、これからという時のあっけない死に方は、一八歳の少年にはとても大きなショックでした。
ケネディーの演説や、名言集はどれも興味あるものですが、次の一節は忘れられず、私の生き方に大きな影響を与えてくれました。

My fellow Americans; ask not what your country can do for you, ask what you can do for your country. My fellow citizens of the world; ask not what America will do for you, but what
Together we can do for the freedom of man

アメリカ国民のみなさん、国が私に何をしてくれるかを問う前に、私が国に何をしてやれるかを考えてください。そして、世界中のみなさん、アメリカが皆さんに何をしてくれるかを問う前に、人類の自由のためにみんなが一緒になって何が出きるかを考えましょう。

ジョン・F・ケネディーは大統領として先ずこのことを叫びました。世界中の人々がお互いに「私にできることは何なんだろう?」と考えて行動し、平等で自由で平和な世界を築こうと若干四三歳で言い切ったのです。

釈尊は、「少欲知足」と説いています。欲望は控えめにして、今の環境でも恵まれているんだと考えることが、争わず、競わず、心安らかに保つ秘訣だとしています。

この時の日本の総理大臣は池田勇人で、所得倍増を目標に経済の発展を進めていました。高度経済成長をどんどん推し進めていた時代です。オリンピックを一年後に控え、東京中どこもかしこも建築ラッシュでした。あの「お江戸日本橋」の文化的価値を判断する前に、とにかく高速道路を造らないといけないとして橋の上に高速道路を載せちゃったんです。東京の水不足も深刻で、このままだとオリンピックは開催できないと言われました。そうしたら、茨城県の利根川の水を、荒川経由で東京へ流れてくるように突貫工事で運河が造られました。むちゃくちゃ行政でしたが、何とか日本の面子は保たれました。

日本警備保障（セコム創業のころ）でのエピソード

大人っぽく見せなさい

まだ、ほっぺたに赤みが残っていた頃ですから、どう見ても子供です。しかし、会社としてはプロの警備担当者を派遣しますと言って営業していたのでしょう、大人っぽく見せなさいと言われました。そう言われても何をどうしなさいという具体的な指示はありません。仕方ないので「僕」と言うところを「わたくし」と言ったり、「自分」と言ったりしました。元・警察官や自衛隊を辞めてきた人たちがそう言っているのを真似してみたのです。

額が広く見えるほうが（禿げ上がっている）大人っぽく見えるのではないかと前頭部の髪の毛を剃りこんでみたり、オキシフルを塗れば毛が抜けてくると聞けば、ガーゼに浸して額に当ててその上から手ぬぐいで鉢巻をして寝てみたりしました。

服に体を合わせる

支給された制服はダブダブでした。大は小を兼ねるで、小さい物は着られませんが大きいサイズなら私のように体の小さい者でも着て着られないことはありません。まだウエストが八〇センチにもなっていないころ、支給されたのはＬＬサイズの制服だったようです。

私の場合、長兄の嫁がミシンかけが上手だったので、上着もズボンもバラバラにして造り直してもらいました。

米軍キャンプの払い下げ品か、警察・自衛隊の払い下げ品だったんだと思います。制服と言っても微妙に色があせていました。今や巨大企業になった会社でも、創業の時はとにかくお金をなるべく使わないようにして間に合わせていたのですね。と言うより、お金が無かったんだと思います。

酒でも飲まなければやっていられなかった

その頃の日本警備保障の仕事は大きく分けて二つありました。一つは、契約したお客様の会社に人を派遣して、その建物を警備したり人の出入りをチェックしたりする「常駐警備」。もう一つはお客様がいなくなった後に、その建物の合鍵をお預かりしておいて、一晩に数回建物内外を巡回する「巡回警備」です。

「常駐警備」には大変高温の場所にいて職務を果たさなければならない時と、その逆に極端に低温の場所から動かないで職務を遂行しなければならないことがありました。臭《にお》いのきつい場所とか、ちょっと目を放した隙に違反行為をやられてしまう所がありました。

問題は「巡回警備」です。リングに通した幾つもの会社の合鍵を持って、一人の警備担当者が一晩に一物件五回ずつ数件を巡回して歩くのです。それも創業当初でしたから、オートバイで巡回していました。原動機付き自転車、ゲンチャリです。

夏場は夜風のなかを颯爽と走りますから快適な仕事です。ただ、雨が降っても風が強くてもやるべきことはやらなければなりませんから、担当者には過酷な労働でした。

問題は冬場です。今のようにダウンジャケットだとかゴアテックなんか無くて、アノラックという雨合羽が最も優れた品物でした。雨風こそ通さなかったものの防寒効果は全く無く、厚着をすれば契約先の建物内を歩いて巡回する時汗をかき、そのまま外に出ると急に体が冷えて風邪を引く原因になりました。

もちろん会社の規則でも禁止されていたし、飲酒運転は違法行為です。それでも巡回警備担当者は寒さに耐えられず飲まなきゃやっていられなかったのです。私が入社して二年目の冬、とうとう犠牲者が出ました。飲酒運転の上の激突死でした。五〇歳そこそこのとても真面目な人でした。

初めての社葬に参列した時、普段はなんとも感じていなかった女性事務員の喪服姿が妙に色っぽかったのを思い出します。

そんなことが私の脳裏にあったからでしょう、起業の半年後から、現場で使う道具・工具は最高級の物を用意し、社長として社員にしてやれることはもう無いと自信もって言えるように心がけました。それでも、それでも「ヒヤリ　ハット」（ヒヤッとした　ハットした）は幾度も経験してきました。

天邪鬼《あまのじゃく》だったための失敗

一人で「常駐勤務」しているということは、なにもかも自分が責任を負わなければならないという重圧感と、責任感を感じます。もちろん、会社の本部には「管制官」がいて、外部で勤務する人からの連絡・報告を受けて適切な指示を出し、緊急時には相互に応援体制をとることになっていました。

その他に「巡察官」がいました。何時、何処に現れるかは秘密でした。お客様には「常駐者の身の上に何か起きていないか？　約束どおりの職務をはたしているか巡回し、見守り、二重の警備体勢をとっています」と説明していました。要するに監査であり、労務管理だったのだと思います。

この「巡察官」は比較的上級幹部社員が担当していました。いわゆる偉い人です。

警備会社は軍隊や警察や自衛隊と同じような組織になっていましたから、挨拶の仕方も似たようなものでした。「休め」「気を付け」「回れ右」「進め」「止まれ」「敬礼」をテキパキとやらなければなりません。余計な言葉を付け加えたり、決まりに無い行動をとってはいけないのです。

東京オリンピック

昭和三九年（一九六四）第一八回オリンピックが東京で開催されました。本当は二四年前に東京を会場に予定されていたのですが、第二次世界大戦の幕開けのような支那事変が日本と中国の間に勃発したために中止になりました。

「さあ、オリンピックだ！」と日本中が大はしゃぎしました。高速道路はできるわ、モノレールが羽田〜浜松町間で開通されるわ、東海道新幹線が開通するわで大騒ぎでした。

私が入社した頃は「日本警備保障」なんて誰も知らない会社でしたが、アメリカ軍代々木キャンプ場を選手村にする時、その選手村の警備を民間会社が担当することになったと報道され一躍有名になりました。

アメリカ軍がベースキャンプとして使っていた代々木キャンプ場を日本に返換し、以後、日本の管轄地になるので国旗の返換式がありました。それを自衛隊がやるのではなく民間の日本警備保障という一企業が任せられたのです。その時の行進風景がテレビ画面に出てきました。あの後ろの方にいるのが私です。

テレビドラマ「ザ・ガードマン」

オリンピックが終わった後、高度経済政策、所得倍増政策を推し進めてきた池田勇人総理大臣が体調不良で辞任し、一一月には佐藤栄作総理大臣が誕生しました。翌昭和四〇年（一九六五）二月からアメリカ軍によるベトナム北部爆撃が活発化し、ベトナム戦争は激化していきました。

「ベトナムに平和を連合会」（べ平連）が誕生した四月、ＴＢＳ系で「ザ・ガードマン」という番組が放映され始めました。日本警備保障がモデルで、一時画面に出てくる民間パトロールカーに日本警備保障のマークをそのまま使っていたので、帽子の前章や制服のエンブレムを見た人が「あ、本物のガードマンだ！」とサインを求められた同僚社員がいました。

実際の警備担当者は画面に出てくるような格好良さはほとんどなく、俄然忙しくなったため地道な作業を来る日も来る日も続けるばかりでした。しかしテレビの影響は大きく、警備依頼は断りきれないほどだったと聞きました。

その分我々に負荷がかかってきて、入社三年目を迎えた私などは非番の日でも出勤を命ぜられ、時には学校に行けなくなることもありました。

言い訳できないごまかし

巡回警備では、お客様の建物の要所要所に一連番号が鍵の表面に飛び出ている「刻時キィ」を取り付け、鉛で封印されていました。巡回者は、「確かにこの場所に来ましたよ」という証拠を残すため、刻時キィを、持参した刻時時計に差し込んで一回転させます。そうすると、そのキィの番号とその時の時刻が刻時時計に内臓されているテープに刻印されます。お客様や警察から問い合わせがあった時、確固たる証拠が残るので巡回者は絶対ごまかしができないシステムになっていました。

日本警備保障　その後のエピソード

メモ用紙一枚でももらってはいけない

伊勢丹本店勤務は二四時間交代でした。昼間は出入管理中心、夜間はあの建物を三ブロックに分けて三人で巡回します。一ブロック巡回に三時間かかります。

出入管理は厳重過酷なものでした。伊勢丹の正社員でも委託出入り社員でもロッカーで着替えた後は一切私物を売り場に持ち込めません。持ち込めるのは透明のビニール袋に入れた小物だけです。

社員からでも、委託業者からでも、警備員は一切物をもらってはいけません。メモ用紙一枚でも貰ってはいけないことになっていました。

些細な物でも、「もらった」という引け目が必ず残ります。そうすると、物をくれた人の出入りを管理する時ちょっと他の人と違った気持ちで応対するようになります。「まあ、このくらいは見逃そうか」と、一回でも悪事に加担すると相手はどんどんエスカレートしてきて「この間はいいと言ったじゃないの」と逆襲してくるものなんです。

そんなわけで伊勢丹での勤務は自他共に厳しく振るまわなければなりませんでした。前述のビニール袋のほか持ち込めるのはお弁当箱でした。

我々の前を通るときは誰もが協力的で先ず間違えが起きるとは考えられません。ところがある日やけに明るく振舞う電気係（外注社員）が「ご苦労様、ハイ、これ弁当箱ね！」と必要以上に高く掲げて通り向けようとしました。

「おや？」と感ずるものがあり、「すみません、ちょっと点検させてください」と言うと、「弁当箱だよ、弁当箱。いつも点検しないじゃないか」

「そうなんですが、念のためちょっと見せてください」と言うと彼の顔面から一挙に血の気が引いて、恐ろしいくらい青白くなりました。

こういう時は、別室にお運びいただき伊勢丹の保安課員立会いの下で調べることになっていました。電気係の弁当箱から高級時計のオメガーが二つ出てきました。

この時ほど自分の置かれた立場の重要さを認識したことはありません。そして、人を管理するということは「一〇〇パーセント信用していても、一〇〇パーセント疑問を抱かなければならない」と思いました。

泥棒を捕らえてみればガードマン

これからお話することは、おそらく現職のセコム幹部はふれて欲しくない話題だと思います。私としても、自分が禄を食んだ会社の恥部を話したくはないのですが、事件の後の日本警備保障の代表取締役・飯田亮氏の行動が素晴らしかったので、起業を考えている人は「責任」をとるのは私なんだと自覚して欲しいのであえてお話します。

伊勢丹七階の貴金属売り場のショーケースが壊され、六〇〇万円相当（昭和四〇年）の宝石が盗まれた。どうやら夜間の犯行だということになったが、警備担当の我々も、その日入館して作業していた人々のアリバイもはっきりしていたので、何とも不思議な事件でした。

二四時間の勤務のあと、更に一二時間の残業を終て帰宅する前に夜勤担当者に引継ぎをしました。その引継ぎを受けてくれたY君が、翌朝出勤すると職場にいません。相棒のX君の姿も見えません。事務所の中は大騒ぎでした。つい先ほど、窃盗容疑で警察に連れて行かれたとのことです。

YとXは、前回の夜勤明けの後、デパートのトイレ天井裏に隠れていて、同僚ガードマンが深夜定期巡回した後に犯行におよび、再び天井裏に潜んでいてデパートが開店してから堂々とお客顔して持ち出したのです。

その後も何食わぬ顔をして勤務していましたが、非番の日に山梨の宝石店に売却したことから足がついたのでした。

新聞各社は五段抜きで「泥棒を捕らえてみればガードマン」と書きたてました。

飯田亮氏は相当落ち込んだそうですが、犯罪者は二人だけでその他のガードマンには一点の曇りも無いのだから、このまま警備担当を続けさせて欲しいと、お客様に挨拶したのだそうです。

「他の全員は誠実で責任感をもって勤務しています」

そう言われると、「真面目に責任を果たさなくてはならない」という気持ちが湧いてくるものでした。

お客様も理解ある方で、率直に詫び、その後の対策も逃げの対策ではなく、前向きで社員思いの指導者だと評価してくださいました。

「誰だって　転ぶ。その後が大事」です。

それでも、可がもらえた時代

仕事のために大学は休みがちになることが多かった。それでも何とか四年で卒業できたのは良い友達がいたお陰です。代返（出席をとるとき代わりに返事をしてくれる）してくれたり、宿題の回答を二つ作ってきて一つを私にくれました。私は学籍番号と氏名を書いて出すだけで良かった。

ある時教授室に呼ばれました。

「この、外書購読の感想文はとても良く出来ています。しかし、君の顔は授業中余り見かけないのだが、この感想文は君が自ら作成したものですか？」

私の胸の鼓動は目の前にいる教授に聞こえるほど高鳴っていました。腋の下からは冷たい汗が幾筋にも流れていました。おそらく顔も引きつっていたことでしょう。しばらく沈黙の後、意を決して正直に答えることにしました。それで単位が取れないならば、その時はその時だ！

「実は、A君が私のために一通作ってきてくれましたので、学籍番号と氏名だけ自分で書いて提出しました。私は日本警備保障という会社に一年生の時から勤務していまして、急激に大きくなった会社のため、学生である私でも責任あるポストを与えられ、責務を全うしなければならないのです。宿題が出ていたことすら知りませんでした。申し訳ありませんでした。」

言い終わった後のすがすがしい気持ちは今も思い出します。A君には迷惑をかけたくなかったし、優秀な成績で卒業し良い会社に就職が可能なA君の足を引っ張るような結果だけを心配しました。

教授はしばらく考えていましたが、

「まったく同じ感想文があったので不思議だったんだよ。大概はどこか少しは書き直して提出するものなんだが、君にはその時間的余裕も無かったというわけか？」

「あの本は良い本だよ。君の立場も分かるけれど、時間をかけてでも、一度読んでみたまえ」

「はい、A君から本も貰いましたから、いずれ読んでみようと思っています」

「そうしておくれ。君の正直で率直な応対に免じて単位はやるが、優はないよ」

「いや、可でいいんです。卒業できればいいんです。仕送り無しでやってきていますので、留年は辛いんです」

「分かりました。相当忙しいようですが、体に気をつけてね」

「有難うございます。ところで先生、A君にお咎め無いようによろしくお願いします」

後日、A君に聞いたら優だったのでひと安心しました。

後藤静香「権威」との出会い

偶然の再会

長兄の嫁さんは同じ田舎の人で優しくホワッと包み込んでくれる人でした。いや八〇過ぎた今でも昔とちっとも変わっていません。私は学業と仕事で疲れきった時にはぶらっと訪問し、おいしいものを食べさせてもらったり、うたた寝をさせてもらいました。

昭和四一年（一九六六）のある日、「今日も少し休ませて貰おう」と兄の家を訪れた時、何気なく書棚を見ると「権威」という本が二〇冊くらい並んでいました。一冊引き抜いてパラパラとめくってみると何処かで目にしたことのある詩のような格言のような文言がありました。それは小学校低学年の頃、父が時々読んでいた革表紙の本の中身と同じものでした。当時の本は漢字にルビがふってあったので小学生の私にも読めました。

その一篇一篇の詳しい内容は、小学生の私には理解できませんでしたが、何かうなずける文言が並んでいたことは覚えていました。父の本を盗み見たという罪悪感から、その時はそっと書棚に戻しました。

今、その本を兄の書棚に発見しました。夜勤明けの疲れも忘れてむさぼり読みました。詩集のような体裁のこの本「権威」の第一ページには、次のように記されていました。

あなたの側に

同じ時代に生まれ
同じ日本に生まれ
そうして、何のゆかりか
いまこの書物を通して
親しくわたしと交わるあなた
かりそめならぬえにしかな
偶然とは解したくない
まだ見ぬあなたがなつかしい
わたしの心霊は
いまあなたのそばにゆく

この本を書いた後藤静香が、この本を開いた私とは「かりそめならぬご縁」があるというんです。そして、これは偶然ではありません。目に見えない何かがこの出会いを企画していたのです。「私はまだあなたに会ってはいませんが、何だかあなたが懐かしい」と語りかけていました。私がこの「権威」のどこかのページを開く時、後藤静香の心霊が私のそばに来てくれるというのです。

いろいろな本を読みましたが、冒頭にこんなふうに書いてある本には一度も出会っていません。

後藤静香はいつこの本を書いたのだろう？

奥付を見ると、初版は大正一〇年七月四日となっています。西暦一九二一年のことです。私は昭和一九年（一九四四）の生まれですから、私が生まれる二三年も前に書いていたのです。それなのに今この本を開く私が懐かしいというのです。

時代の推移とともに幾度か幾編か書き加えられ、あるいは削除されたようですが、昭和二七年（一九五二）に「権威決定版」を発行し、私が手にしたのは昭和四一年三月一日付けの改版第九刷りでした。「つい最近出たばかりの本だ！」嬉しさがまた湧いてきました。

この本は私のものだ。この先何が書いてあるのだか分からないけれど、この本はいま私が持ち帰らなければならない本だ。父が大事に読んでいた本だ。そして兄も、こんなに同じ本を沢山持っているということは、この本を大事にしているはずだ。幾らするのだろう？

一六〇円。学食の素うどんが一〇円から一一円に値上げされるというので学生デモが企画されている頃の一六〇円です。

町でラーメンを頼むと一杯七〇円くらいの頃です。

兄に一冊分けて欲しいと申し込むと、「興味があるならあげるよ」とのこと。

ラッキー！　私は「権威」を手に入れることができました。

一度も会っていない師匠

こんなにも感激して、劇的な出会いであったのに私は後藤静香という方には一度もお会いしたことがありません。後藤静香のことはネットで検索すればいくらでも出てきますが、明治一七年（一八八四）大分県に生まれ、昭和四六年（一九七一）に八七歳で亡くなっています。

私が生まれた時の昭和一九（一九四四）、後藤静香は六〇歳でした。私の父は三六歳、長兄は一二歳、私は〇歳、偶然にも全員干支が「申」年です。

「権威」に再会した時から後藤静香が亡くなるまで五年間ありました。会う機会はいくらでもあったのに一度も会わなかったことも不思議です。

毎月の定例会が大田区池上の梅花塾というお茶の先生宅で開催されていましたし、全国各地で地区大会が催うされ、行けば会えたはずです。それでも絵もない表紙も無い、中身だけ二四ページの「新建設」という月刊誌は読んでいましたからこの団体（心の家）の活動状況はは分かっていました。かつてはいろんな社会啓蒙活動をしていたようですが、この頃は「らい病撲滅運動」や「盲人福祉運動」を主に奉仕活動を提唱していました。

会えなかった大きな理由は、大学一年生イコール社会人一年生として入社した日本警備保障（現・セコム）が、オリンピックを境に急成長したため、半分は学生なんです、などと言っていられないほど忙しく働かざるを得なかったからです。

日本という国全体も世界の国々が目を見張るほど経済的に急成長した時代で、「企業戦士」などという言葉が流行ったし、ある意味では自分が正にその「企業戦士」でいることにプライドさえも覚えていたくらいです。

堪えられぬ苦痛なし

「権威」という本に出会ったお陰で私自身も強く生き延びてこられましたが、私のような純粋な青年を上手に使いこなした日本警備保障は随分助かったはずです。当時の警備担当者の勤務体系は、警察官と同じような勤務体系をとっていました。日勤、夜勤、当番、明け番、を繰り返し純粋なお休み日が与えられました。ところが前述のように業務多忙、人不足が生じると現状勢力（人員）でまかなうしかありません。

ある日、夕方から二四時間勤務に就きました。夕ご飯休憩を終え、深夜に与えられる三時間の仮眠時間を終えた頃、

「村山君、明日、明け番だけど人がいないんだ。もう一晩頼むよ」

と言われました。一二時間の残業です。よくあることだったので下着の着替えも持ってきていましたし、何とか頑張って朝帰りしようかと思っていると大間違いでした。翌々日の夕方までの三六時間勤務を頼まれたのです。

「まぁいいか、夕方帰ったらゆっくり銭湯にでも行こう」

　そう思っているところへ
「頼む、夕方ではダメだ。朝まで頼む！」と頭を下げられてしまいました。

　四八時間連続勤務です。

　眠い、足が重い、肩こりもしてきた、手の中が暑くなって来た。目がしょぼしょぼする。何だか熱っぽいなぁ。食欲がなくなってきた。あぁ、腹が痛い。そんな時「権威」の一篇が浮かんできました。

堪えうる力

堪えられぬ苦痛なし
過去の苦痛
それはたしかに堪えられた
現在の苦痛
それは確かに堪えている
未来の苦痛
それも必ず堪えられる
苦痛が増せば増すほど
堪えうる力が先に増す

三段論法で説得するこの技法は、後藤静香が元々数学の教師だったからだろうか。妙に納得して自分を奮い立たせていました。

とにかく腹が痛かった。油汗をふきふき、ようやく四八時間の連続勤務を終えて家に帰えることにしました。山手線から総武線に乗り換える秋葉原駅の階段が、こんなにも長かったかと思いました。

小岩駅からアパートまでの中間に総合病院がありました。受付の女の人に「腹が痛い」と一言告げるのがやっとで、側にあったソファーに倒れこんでしまいました。

虫垂炎が悪化して破れる寸前でした。そのまま入院させられ午後二時に手術。大部屋の一員として横たわっていました。今なら点滴注射をしてもらえるんでしょうが、そんなことは何も無く、水枕をしてもらい、布団が直接おなかに当たらないように半円形のリングの上からかけてくれました。

もう、四〇時間くらい何も食べていませんでした。腹の痛さをこらえながら立ち続けたり、巡回勤務をした後での手術でしたから、どうしようもない空腹感が襲ってきました。

堪えうる力は増さないでもいいから、こんなに過酷な勤務はもう嫌だと思いました。堪えうる力は増さないでもいいから、こんなに痛いのはもうごめんだと思いました。空腹感の経験ももうこれ以上したくないと思いました。

ひとを励ます名人

後藤静香は人を励ます名人かもしれません。「権威」の続きには、また三段論法で応援の言葉が載っています。過去に失敗があろうとも挫折があろうとも、それは過ぎ去った過去のことであって、大事な経験をしてきたんだと割り切って考えれば全てプラスになるじゃないか。要は、今だよ。いま目の前にある困難と闘い、奮闘努力していれば勝利者になれますよと。

三つの声

天よりの声がきこえる
過去を見よ、なんじ勝てりや
再び第二の声がきこえる
現在を見よ、なんじ勝てりや
更に第三の声がきこえる
立ちあがれ
いま勝つ者が永久に勝つ
零たす零の継続
合計いくばくなりや
刻々の勝利が最後の勝利をつくる

テレビによく出てくる博学のタレント・林修さんが「いつやるの？　今でしょ」と言って受験勉強をする若者に語りかけていますが、九五年も前から「いま勝つ者が永久に勝つ」と叫び続けているのが後藤静香です。

欠陥を見出し、使命に生きる

四〇歳を過ぎてから自分の会社を持つことになりました。その辺のいきさつは別に記しますが、企業には「信条」がなくてはいけないと思いました。どんな仕事をする会社なのかということも大事ですが、どういう理念で運営するのかが大事だと思います。

起業するにあたり人生の在りかたを考えてみました。

今までの人生は、生まれ、育てられ、与えられ、誰かが敷いたレールの上を進んで来た人生。これからは自分の判断で生きていかなければならない人生。それがお金儲けのためでもいいし、名声を得るためでもいいし、社会的な地位を得るためでもいいと思いました。

何気なく開いた「権威」の一篇に目が留まりました。

欠　陥

欠陥がみえる
なんとかしたい
自分でできる
然らば
その欠陥に身をなげよ
それがおん身の使命である
欠陥より欠陥へと
身をささげる生涯が
使命より使命への
充実したる生涯である

そうだ、私はいま人生の振り出しに戻ったのだから、この世に生まれてきた目的探しの人生を歩いてみよう。何のために生まれてきたのか？　何のために生きているのか？　その答えをしっかりつかむための生き方をしてみよう、と思いました。

起業するということは、それまでの地位も収入源も一切を断ち切って、すべてを自分で築いていくということです。

「はんぱない」という言葉が昨今使われています。「半端じゃない」からきていると解釈しています。言葉は時代とともに移り変わるものですからちょっと違和感を覚えますが、まあいいでしょう。この流行言葉で言うと、起業するということは「はんぱない」ことなんです。全てを捨てて、ゼロからの出発です。ですから、どういう経営方針で行くのかを先ず決めることにしました。

その答えが「欠陥」の一篇に見つかりました。

いつの世でも「もうこれでいい」という完璧なものはありません。使いやすいけどデザインが気に入らないとか、材料にもうひと工夫して欲しいとか、えっ、そんなに高いのか？と値段にビックリさせられたりします。

行政の在り方にしても、とにかくこの荒れ果てた地に花を咲かせようという時代があったり、せめて餓死しない程度の食べ物が欲しいと願う国民を満足させるための政治を取り仕切る時代がありました。しょせん、人間の欲望には限りがありません。正に、おんぶしてやれば抱っこしてくれとせがんでくるものです。

ということは、いつの世でも社会的な欠陥があるんだ。そういう欠陥を少しずつでも解消していくことはビジネスとして成り立つ。それにしても、社会的な欠陥はあまりにも多すぎるなあ。どうしよう？　何から手をつけようか？　と考えました。

後藤静香の考え方には無理がないのです。

欠陥が目について何とかしたいと思っても、今の自分の力ではどうしようもないことだってあります。「自分にできる」かどうか考えて、自分にできると思ったならばまっしぐらに、全身全霊を打ち込んで飛び込んでいきなさいと言っています。そうして見つかった仕事があなたの「使命」だというのです。

その仕事がかたづいたら次の「欠陥」を探し出し、同じように全身全霊をささげて突き進んで行きなさいと書いていきます。そうすれば、あなたの一生は充実した一生になりますよというのです。

「使命より使命への充実した生涯」を送りたいものだなと誰でも思います。

私は「欠陥を見いだし　使命に生きる」と墨字で書いて額に入れ、出勤したら一番最初に目に付く所に掲げました。

お金は無くてはならないが…

三銭の切手代が貸してもらえず

母は明治四二年（一九〇九）の酉年三月三〇日生まれ。あと三日後に生まれればそのクラス一番の月齢者だったのに、早く大人にさせて家の手伝いをさせようという当時の風潮で、そのまま出生届を出されたため、ほぼ一歳年上の子供と同じ扱いをされ随分つらい思いをしたといいます。

私が小学校の頃から幾度となく、折にふれ母が話していたのが「三銭の切手代」の話です。

「この手紙は今日中に必ず出しておいてくれ。そうしないと相手の会計処理に間に合わなくなるから」と、請求書の入った手紙を渡して父は行商に出かけました。そのままポストに入れようとしたら切手が貼ってありません。家の中に切手の買い置きは無いし、自給自足の生活が当たり前の百姓暮らしですから、現金の持ち合わせもありません。小さな集落（当時は部落と言っていた）に生活必需品を何でも取り扱っていた万屋《よろずや》が一軒ありました。そこで切手代を借りようとしましたが、あまりにも貧乏な我が家の実情を知られていましたから貸してもらえませんでした。

憔悴しきった母の姿を見つけた隣のおじいさんが声をかけてきてくれ、「同じ部落の人なのになぁ」と母を慰め切手代を貸してくれたといいます。

ずっと後、このおじいさんは癌を患って半年ぐらいの闘病のあと亡くなりましたが、この時の恩返しをしなくてはと、母は毎晩のように付き添い、見舞いに出かけ、看病していました。

切手代ですから、相場は今も昔もそう違わないはずです。この春、葉書は五二円から六二円に値上げされましたが封書は八二円のままです。何十年も顔をつき合わせ、同じ集落の人だと百も承知のはずなのに八二円を貸してもらえなかった母の胸の内を思うと髪の毛をかきむしりたくなります。

でも、お金ってそういうものなんです。後々起業してから身にしみて体験しましたが、普通預金口座に三百万円の残高があっても、決済する当座預金口座の残高が一円足りないだけで銀行は不渡り扱いにします。長年つきあってきた窓口の人も支店長も「おぅ」「やぁ」という仲であってもだめなんです。

冷たい仕打ちの相手を恨んではいけないのです。力の足りない自分を責めなければならないのです。当座と普通口座の管理をしっかりしていなかった自分が悪いのです。

馬鹿な金を使うな

母の話をしましたから父の話もしておきましょう。父は母より一つ年上で明治四一年（一九〇八）一月一〇日申年生まれ。由緒ある家柄の精力旺盛な大学生が女中（お手伝いさん）に手をつけて出来たのが父です。「息子をたぶらかせたお前が悪いんだ」と女中はなじられ追い出されてしまいました。実家に戻ろうとしたら、

「せっかく良いところへ行儀見習いに行かせたのに、何とふしだらなことをしてくれた。ご先祖様に顔むけもできない。家の敷居は二度とまたがせない！」

娘は叔父さんの家で元気な男の子を生みました。あの大学生が別れしなに「もし、生まれてきた子が男の子だったら、一壮と名付けてください」と涙ながらの頼みを思い出しその名を付けました。

大学生の名は壮。父の名は一壮。私の名前は壮人。名前のルーツです。

父はまだ赤ちゃんだった時、桶職人としては優秀だが子宝に恵まれないでいた家にもらわれていきました。そしたらすぐその後に実の息子が出来たため桶屋の跡取りにはなれず、婿養子として出され私の母と結婚したのです。

その父がことあるごとに口にしていた言葉が「バカな金は使うな！」でした。

新潟の山奥の私が生まれ育った地方のことばで、「〇〇くらいは、いいじゃないか」というところを「〇〇バカ、いいじゃないか」と言っていました。バカというのはそのバカです。

「一円くらい、いいじゃないか」が「一円バカいやんだてんそ」となります。

諺にも「一円を笑う者は一円に泣く」というのがありますし、銀行口座が一円足りなくても決済してもらえません。消費税が代金に付加されてからはコンビニでジュース一本買うときでも小銭まで請求されます。日本国民に小銭の大切さを浸み込ませてみんなが経済感覚を意識するためには、消費税はよかったんでしょう。

起業すれば誰でも社長

起業までの足どり

長野県との県境にある新潟県津南町に生まれ育ち、一四歳で上京し猛勉強を経験。中三から高校卒業までの四年間は秋田犬の調教で生計を保ち、大学一年生と同時に社会人一年生。日本の警備業界の初期から足掛け一〇年、会計経理以外のセクションをすべて経験させてもらいました。

社会教育団体の青年部の一員として学び、そのご縁で社会福祉、青少年教育の助手から団体事務局長になり、赤字経営のその団体が三年半で正常運営できるようにさせました。

その実績から原子力発電所建設現場の労務管理責任者として招かれ、建設業に手を染めることになり、四三歳で独立、起業しました。

部長になるのは大変なこと

小泉純一郎総理の時、株式会社設立の時の資本金が一円でもいいようになりました。誰でも会社を設立すればすぐ社長になれるのです。起業して一〇年くらいした頃、昔の仲間と再会する機会がありました。名刺を見れば課長、部長、取締役部長などと肩書きがついていました。飛び交う言葉も経済新聞で目にするような難しい専門用語を日常語のように使っていました。

こっちは代表取締役とはいえ底辺を這いずり回っている一労働者。その上、現場労働者への支払いとか材料屋への支払いを優先しなければなりませんから、自分の給料は生活ギリギリの状態でした。小さい会社には代表取締役なんというポジションは不用で、代表社員とすべきだと今でも考えています。

会社を創れば誰でもすぐ社長です。でも、そんなに楽な立場ではありません。大きな顔して胸張って活躍している部長さんたちが羨ましくなることがありました。しかし話を聞いてみるとどんな会社でも部長になるのは大変なことでした。

人と比較しないで、自分らしく生きたいならば起業するのが一番だと思います。

最初からアクシデントの連続

起業の話を順序良く話したかったのですが、ついつい印象深いものから披露します。

一応、半年くらいの準備期間を持ちました。まだバブル景気が残っていて建設業はどの業種も多忙でした。原子力発電所の建設現場で労務管理を担当していましたから、あらゆる業種の大変さは薄く広く分かっていました。しかし私自身が自ら道具・工具を手にして現場に立ったことはありません。したがって仕事の中身についてちょっと専門的な質問をされたらお手上げです。

エレベーターの新設組み立ての仕事、足場組み立ての仕事、飲み水や汚水・雑排水の修理メンテナンスの仕事、電気工事の仕事……、要望は沢山ありましたが、私が自信をもってできるものは一つもありませんでした。

頼りにしていた相棒

頼りにしたのは一〇年来の飲み友達で電気関係にめっぽう精通していたKさんでした。一〇歳年上で反骨精神旺盛な人で、何かやりたい何かやりたいと思いながら今日まで現場代人をその都度ひきうけている程度で悶々としていました。

私が起業の話を持ち込むと一枚かませろと意気込んでやってきました。

大学の同期生で大手企業の花形営業課長をしている友人が、資本金三〇〇万円の会社を創ってくれれば自社の仕事はコンスタントに出してくれる約束をしてくれていたので、二人で始めようということにしました。

資本金出資は私が二〇〇万円、K氏が一〇〇万円と決め登記を済ませました。ところが彼は「宵越しの金は持たない」主義で、相当いい条件で代人契約をしても毎晩の酒代と書籍代に費やしていました。銀行への払い込み期限がせまっていました。

「ああ、出資金ね。今、無いんだ。今後私が技術提供した中からその金額になるまで天引きしてくれ」

　唖然としました。でももう登記済みですから今更どうしようもありません。とにかく一週間で一〇〇万円の金策に走らなければなりませんでした。高一と中一の育ち盛りの子供がいましたし、既に半年間の準備期間に預貯金はおおかた使い切っていました。

　あの人にもこの人にも電話で頼み、訪問して頼み、事情を説明して歩きました。

「何故、前もって預かっておかなかったの？」

「それで、返済は何時になるの？」

「友達じゃなくなるのが嫌だから、金は貸さないよ」

「お前ともあろうものが、甘ちゃんだなぁ」

「いいか、大体こういう時は…」

　…批評、批判なら誰でも出きる。ぶち壊しなら馬鹿でもできる…（後藤静香・一言集より）。

　結局どうにもなりませんでした。すべて振り出しに戻してやり直しだと判断した時、子供名義の定期積み立て預金通帳を全部解約して、足りない分は勤務先から借り入れできると妻が申し出てくれました。感謝です。

　次の話もその一つですが、設立前からこんなアクシデントの連続でした。

本店所在地へのこだわり

　まだ千代田区有楽町に都庁がありましたが、近々新宿区に移転してくることが分っていましたので、本店所在地は新宿区にしたいと思いました。今考えると、本店がどこにあろうとその企業が順調に運営されていれば何処でも問題ないのですが、「都心に本社を構えています」と見栄を張りたかったんです。

できれば新宿区高田馬場に本店を構えたいと思いました。ここには日本点字図書館があり、この図書館を会場に社会教育団体の月例会が開催されていて人生哲学を学んだ思い出の場所だったからです。

ここでの月例会は後藤静香の心を学ぶものでしたが、司会者はいるものの特に講師は招かず参加者全員が先生であり生徒でした。こんな形式のお勉強会は他にあまりありません。後藤静香が「勉強するのに講師なんかいらない。一〇人集まれば一〇人の講師がいると思ってお互いに一人ひとりから学び会えばいいのです」として相互修養会と名付けた勉強会です。その頃は単なる先輩と思って気取らずお付き合いしていた方々が、歴史上の有名人になっていたり、その道の権威者になっています。

そしたら、偶然にも相棒Kの義弟の事務所が日本点字図書館の近くにあり、そこに居候する形で本店所在地にしました。「正しき願いは叶う」でした。

はじめての取引は現金代引き

エレベーターの制御方法が機械的なリレー方式から、プリント基板を使うコンピューター方式に代替することに世の中が変わってきました。エレベーターの制御室はビルの屋上の機械室にありました。リレー式なら多少高温になっても問題はありませんが、コンピューター制御だと高温を嫌います。

そこで機械室に有圧換気扇を取り付け、吸気ガラリを付けて室温調整を計らなければなりません。当時、換気扇を取り付けるには壁を□（四角）にハツリとって、周りをモルタルで仕上げ、木枠を固定したものに換気扇を取り付けるのが一般的な工法でした。

これだとハツリ、左官、木工、電気の工程を踏まなければならないので二日間かかりました。わが社に見積もり依頼が来ましたので、工程は半日、見積額も廉価で出しました。お客様は、二日かかるものがどうして半日でできるのか説明せよとのこと。簡単です。□にハツリ取るところをダイヤモンドコアで○（丸）く抜きとれば、左官仕事も大工仕事もいらないから時間短縮になると説明しました。

換気扇取り付けの仕事がドサッときました。嬉しい悲鳴です。

その嬉しい悲鳴が苦しい悲鳴になりました。

借金の仕方を教えてくれた人

友達といえどもお金は貸してくれないものだということは資本金の時身にしみています。仕事は順調に受注しても材料を買うお金がない。断るのは嫌だなぁと思っていたところに三和銀行の高田馬場支店開設準備係りのＮさんが訪問してくれ、何でも相談にのってくれるというのです。

実情を隈なく話すと、創業間もないのなら国民金融公庫から借り入れするのが一番いいとアドバイスして下さいました。本当は三和銀行を利用して欲しいのだが、この経歴では予審段階ではねられてしまうとのことでした。

国民金融公庫が何するものなのかも知らないで起業しましたから、借り入れの手続きも何も分りません。そしたらNさんは申込書の貰い方から、添付書類のあれこれ、印鑑証明はこうこうと、手取り足取り教えて下さいました。

私が書いた下書きを見て、ここのところはこう書き直したほうが分りやすいとか、ここはもっとオーバーに表現したほうがいいとか、本当に親身になって指導して下さいました。

三和銀行は東海銀行と合併してＵＦＪとなり、その後、三菱銀行、東京銀行と合併して三菱東京ＵＦＪ銀行となりました。Ｎさんが今どこにいらっしゃるのか分りませんが、自分には何の見返りも無いのにあそこまで面倒見て頂いたご恩はいつまでも覚えていたいと思います。

毎日使うものほど金をつぎ込め

自分用のドリルを買うことになりました。創業の頃はとにかく金の出ることが多く、入りは思うようにいかないものです。経済的に苦しいから、同じ機能なら二万円の物よりも一万二千円の物にしようとします。私もそうしました。これが大間違えです。私の購入したドリルには安全装置がついていなかったんです。厚い鉄板に穴明け作業をしていた時ガッと錐が食い込み止りました。その時、私の手首はドリルの威力に負けて捻挫しました。

三週間右手が使えなくなりました。そして二か月後には左手も同じように捻挫してしまいました。

「安物買いの銭失い」の諺どおりでした。

「大学は出たけれど」という言葉が飛び交っていた昭和五～六年（一九三〇）頃、一ツ橋大学を優秀な成績で卒業した中山隆祐さんはやっとの思いで日本電気に入社できました。途中戦争にかり出されましたが定年まで勤め、傍らで研究していた「原価計算」の論文をひっさげて日大教授となりました。社会教育団体のご縁で一五～六年間親子のようにしてあらゆる面でご指導を受けました。

中山隆祐さんが常日頃おっしゃっていたのが、「原価意識を以って判断せよ」でした。「たまにしか使わない洋服だとか、お着物なんかは安物でいい。さもなければ多少高くても貸衣装を利用すべきだ。その代り、毎日使う茶碗だとか箸などはデザインも機能も気にいった物を選んで末永く大事に使うことだ。仮に気に入った三〇万円のご飯茶碗を朝晩二回使い、五〇年使ったとしたら、一回あたりの原価は八円そこそこだ。これが本当の生き方なんだ。」

それを知りながら安物のドリルを買って手首を痛め、仕事はできないわ、痛いのは誰も代わってくれないわを経験した私は大馬鹿者でした。

よそとは違った会社にしたい

職人と言えどもビジネスマン

最初に正社員として雇用した社員は元金融機関にいた人でした。父親が鉄筋工で子供の時から手伝った。金融機関の外交員をやってみたがどうも性に合わなくて、たまたまお客さんだった電気工事会社に転職した。そんな人でしたから背広姿が結構似合うし、施工技術も一人前でした。

この会社を成長させていく時、よそとは一味違う会社にしたいから協力してくれるよう彼に頼みました。その第一に、通勤は必ずスーツ着用としました。

「冗談じゃない。現場労働者がスーツ着用なんて聞いたことがない。汗まみれ、埃まみれ、油まみれ、時には泥んこの中にケツをついて作業しなければならないんだよ」

そうかもしれない。だけど、みんながみんな車通勤じゃない。そんな汚れたままで電車通勤は嫌だろう。居候事務所から自社事務所に代わる時は、必ずシャワールームを備え付けよう。そう思っていたら創立六か月目にぴったしの事務所が見つかりました。何のことはないワンルームマンションの一室でした。

「スーツ姿で通勤する職人」は結構評判よく、社員が五〜六人になるまでは続けました。現場から帰社するとシャワールームの順番を待ち、みんな揃ったら一杯飲みに行くのも結構楽しいひとときでした。

整理整頓していたお陰

社会教育団体に私を誘い、ご指導下さったのは日本点字図書館の専務理事・加藤善徳さんです。助手時代に偉大な先人を紹介していただき、そのころまだご存命の愛弟子の多くにお引き合わせいただきました。

加藤善徳さんには四人の恩師がいると書かれています。第一が後藤静香、第二が山下信義、第三が田沢義輔、そして下村湖人です。その山下信義の本に「定所物あり、物必ず定所あり」と書かれていたのを覚えていました。

どこの職場でも4Sだとか5Sが叫ばれています。「整理、整頓、清潔、清掃、躾」は災害を未然に防ぐためには大事なことです。建設業に入って改めてこの重要さをかみ締めていますが日頃の生活の中にこそ、これを活かすべきだと山下信義が訴えていました。

決められた場所に必ずその品物（道具、工具、材料、その他）を保管し、使ったら必ず元の場所に戻しておくことが時間の無駄にならない合理的な生活方法だということでした。

初めて新車の工事車が来たとき、社員一同と車の中の4Sを取り決めました。ユニホームも新しくし安全靴も出かけるときはサッと磨いて出かけることにしていました。もちろん現場に到着したら先ず下見、そして各人が今日の作業の役割を把握して、その中にどんな危険要素があるかを短い時間に効率よく発表しあう習慣を教え込んでおきました。

この習慣のおかげで徳をしました。

友人からの紹介である工務店の下請けとして古い病院の電気系統改修工事を請け負いました。改修工事では何が起きるか分らない要素がありがちなので、見積もり金額は高めに出しました。工務店の総務部長は「値引いてくれ、値引いてくれ」としつこく迫ってきました。作業が順調に進んで何事も問題が発生しなかったら、幾らかは値引いて請求書を書くことで合意し作業にかかりました。

着工日にその総務部長も現場に来ました。我々はいつもの通り下見してＴＢＭ（ツール・ボックス・ミーティング）を行ない、さあ、仕事にかかろうかと言うとき私だけ総務部長に呼ばれ近くの喫茶店につれていかれました。「今朝になっても値引きの話か。あまり理不尽なことを言われたら全員引きあげよう」と腹をくくって付いて行きました。そしたら、「村山さん、しつこく値引き要請をしてきてごめんなさい。あなた方の作業前のＴＢＭや服装を見た後、車の中をのぞかせてもらいました。あれだけ整理整頓されてある工事車は初めて見ました。もう、何も言いません。契約どおりの金額で作業して下さい」

と頭を下げられました。

うわあ、良かったな。これは一〇時の休憩の時みんなに話してやろう。今日のお茶代は私からの奢りにするしかないなと思いました。

全額会社負担で取らせた免許・資格

これは本当に悲しく、辛い、嫌な、思い出話しです。

会社を大きくして、一課だ二課だと増やしていくと私の意図するものが末端まで通じなくなることが嫌だなと創業の時から考えていました。私が管理できる人数はせいぜい五人〜一〇人。それでいい、その代り和気藹々《あいあい》とした家族的な会社にしようと考えていました。

どうせ途中採用の人ばかりです。各人の家族構成を聞き、その家族が最低限の生活は維持できるような賃金にしてやりました。昨今、面接の時、家族構成を聞いたり、奥さんが何処でどんな仕事をしているか？　などと質問すると、「個人情報」を聞き出そうとしたとして罰せられます。

「歳上だからって、給料が違うってのはおかしいんじゃないですか?」

「あいつは俺より仕事ができないのに、給料は多いんだよな」

そんな質問、不満の声も聞こえてきました。私もかつて日本警備保障にいた時、同じ疑問を抱いたことがありました。

「今だけを見て判断しないでください。家族がある人も独身者もみんな我が社の仲間です。お互いに安全安定した生活ができるように向上していきましょう。給料は単なる技術料ではありません。生活給です。お互いにあまり欲張らないで譲《ゆず》り合い、与え合って伸びていきましょう!」


そんなことから、仕事に必要な資格・免許取得のための講習会費や受験料は全額会社負担でまかないました。その日の賃金をカットするようなこともしませんでした。ずぶの素人でも一～二年の間に第二種電気工事士の国家資格を取らせました。その外、足場主任、職長、酸欠、有機溶剤、ガス溶接などなど本人が希望するものはたいてい取らせてやりました。

三年もすると七つ八つの免許・資格所有者になります。

時はバブル景気の真っ最中です。就職情報誌でもハローワークでも資格を持った建設作業員を高給で募集していました。履歴書に七つ八つの免許・資格を書き込んで、大手電気会社の直下請け会社でこれこれの経験があるというと、どこでも即採用してくれました。

私はそうした会社の人材養成をしただけということになりました。

そうした会社も、そこへ転職して行った社員も法律違反はしていません。何も悪いことはしていないことになっています。でも、これでいいのかなと、今でも考えさせられます。

交互に行った海外旅行、国内旅行

個人が尊重され、企業には付加がかかりすぎる世の中になってきています。

いま、多くの企業でいわゆる社員旅行をする会社はほとんどありません。いつも顔をつき合わせている人と旅行先でも一緒は嫌だよ。という考える人が多くなってきたこともありますが、法律上の問題から企業側がやれないのです。慰安旅行は会社の行事ですから、その旅行中の事故はすべて労働災害とみなされるのです。

仕事を与え、指示命令をし、就業規則通りに賃金を支給しておけば企業責任はありません。「和」だとか「仲間」だとか「共に」なんという日本古来からの良き風習は不用とされています。責任を負うことをみんな逃げています。

権利だけを主張し、責任逃ればかり考え、義務なんか法律的に催促されたらしぶしぶ、少しやった振りをしておけばいいんだという風潮が蔓延《まんえん》していると思いませんか。

悦びの門

みんなで働いて
みんなで食べて
許しあい、愛しあい
悦びあって生きていく
それでいい、十分だ
人生が理論ではない
悦びの門には
いつでも誰でもはいられる

小さな、名も無い我が社にご縁あって来てくれた社員に、私にできることは何があるだろうと考えました。飲み会の席で意見を聞くと、海外旅行なんて夢の世界だと思っている人がほとんどでした。職人の世界ではそんなものかも知れません。そこで海外旅行と国内旅行を毎年交互に実行することにしました。

労災問題がありますので、社員が作った「旅行会」に会社が補助する形をとりました。毎月無理ない金額を天引きし、旅行会が積み立てをし会社はそこへ補助金を出すシステムです。税務会計上認められる範囲の旅行ですから、二泊三日、三泊四日が限度です。

韓国の板門店では双眼鏡で兵隊の交代式を見ていたら、写真を撮ったと間違われ銃を持った兵隊さんに追っかけられたり、ぼったくりバーに連れて行かれ一本八万円のビールを飲まされたりしました。オーストラリアのケアンズで初日に食べたステーキの厚みが五～六センチもあっておいしかったといつまでも話題になりました。途中工事をしながら九州七日間の旅では、交代で運転をしましたので運転同乗パトロールにもなりました。残雪の中で山菜を探し、天麩羅で一杯の温泉旅行も大うけでした。

私を踏み台にして伸びよ

バブル崩壊なんのその

土地がどんどん値上がりしていき、三〇〇〇万円で買った中古のビルが半年後には九〇〇〇万円で売れたという話を聞きました。地上げ屋などという不法な商売が流行り、売らないでいると、とんでもない嫌がらせをされたりしました。東京二三区内の土地代金でアメリカ全土が買えるとまで言われました。

バブルがはじけ、とたんに不景気になりました。社員はそんなに多く雇ってはいませんでしたが幾人かは事務所待機の日々が出てきました。容赦なく首切り、リストラする会社が沢山出てきましたが、こんな名も無い小さな会社にきてくれた社員が愛おしくてたまりませんでした。

「こんな状況だから、賃上げは諦めてくれ、ボーナスも期待しないでくれ。そのかわり首切りは絶対しない」と社員に約束をして、次の一篇を披露しました。

能　力

欠陥ある社会は能力を要求する
現代は能力の時代である
あらゆる社会が能力を要求している
空位空名は更にかえりみていない
活躍すべき自由の天地が待っている
腕がふるいたくば　まず能力をつくれ
能力の前には不平がない
わが悲運に泣かんよりは
無力無能の悲哀に泣け

こんな時こそ実力をつけよう。自分が不得意なものはお互いを先生にして学び合おうよ。資格免許を条件付けられる日が来ても大丈夫なように勉強しようよ。よその人が一〇時間かかる仕事を五時間で出きるように研究しようよ。汚い仕上がりをきれいに美しく仕上げるようにしようよ。常に「もっと、もっと、もっと」と向上心を見につけようよ。と話し合い実行しました。

山根電設は　フットワークのいい会社

もっと早く、もっと綺麗に、もっと安く

もっと安全に、もっと、もっと、もっと…

担当できる仕事の内容を漫画で表現し、くどくど説明しないパンフレットをお客様に配布しました。これが大当たりで、この仕事を○日でやれませんか？　これくらいの予算ですができませんか？　安全対策案を見せてください。日曜、祭日でもかまいませんか？　深夜の作業ですが、音出ししない工法でできますか？　…などという問い合わせが殺到しました。

バブル崩壊後の日本は蜂の巣をつついたように大変でした。本業でもないのに不動産に手を出した企業はたいてい大きな損失を抱えることになりました。我が社は不動産に手を出すほどの余裕の無い零細弱小企業でしたから、そして社員がよく働いてくれたので何の影響もありませんでした。

初めての経験「リスケ」

バブル崩壊から七年後の平成二〇年（二〇〇八）、アメリカの投資・証券会社「リーマンブラザーズ」社の経営破綻が世界経済をゆるがし、それは零細弱小企業の我が社にも襲い掛かりました。

本業の仕事は激減し、新規事業としてかなりの額を投資していた「緊急地震速報システム」も新規に申し込んでくる客が無くなり、売り上げと支払いのバランスがとれなくなりました。

提携していたスカパーJ－SATは他の事業に力を注ぎ、我々が営業し、工事もやり、客先対応をするのを涼しい眼でながめていました。成約した場合の「衛星通信回線使用料」さえ入金できれば少しも腹が痛まなかったからです。

それでも地震発生直後に、未だ震動が来る前にお知らせすると言う画期的な「緊急地震速報システム」の事業は、世のため人のためになる事業だと考えて、もう少し、もう少しと赤字ながらも継続していきましたが、大手企業のエゴが嫌になって、後日この事業からは撤退しました。

収支バランスが崩れたらどんなに素晴らしい事業でも消えて無くなります。

取引銀行・三菱東京ＵＦＪの責任者が元・三和銀行出身者であったことが非常にラッキーなことでした。創業時に三和銀行にお世話になった話をし、これまでの企業略歴、今後の事業計画と収支予定表を作成して相談に乗っていただきました。

「それでは、リスケということにしましょう」

そう言われましたが「リスケ」が何だかさっぱり分かりませんでした。

リスケはRESCHEDUIEで、返済スケジュールや金額の見直しのことでした。

国も中小企業、零細企業を救済するために「金融円滑化法」を打ち出していましたから、リスケすることは企業にとってそんなにマイナスの要素だとは考えませんでした。むしろ、借り入れ期間を延長した分、銀行には金利が入るのだから銀行は喜ぶべきだと考えていました。しかし、銀行側からするとスケジュール通り返済してくれるのが良いお客様で、スケジュールを変更しなければならないほど資金繰りがうまくいっていない「要注意企業」と判断するのです。

信用しても信頼するな

「緊急地震速報システム」は主に電車を運行する会社に採用されました。また、従業員を沢山働かせている印刷会社などに採用されていました。日本中、どこでも地震が発生していますが、この「緊急地震速報システム」を導入している電鉄会社では、地震発生の初期微動（P波）の段階で走行中の全車両を自動的に緊急停車させますから、一度も脱線事故等を起こしていません。

機材もアンテナをはじめ特殊機材が多く、結構値の張る物がありました。スーパーマーケットで扱っているような商品ではないので、常に何台かを在庫しておく必要があると、営業責任者から聞かされていました。

それにしても、半期決算書を見て勘定が合わないことがありました。営業責任者に聞くと、少し入金が遅れているだけだとか、機種変更になったのでとりあえず高額なモニターを仕入れて納めましたとの回答。

この営業責任者は夜間大学卒業生で、学生の頃からアルバイトに来ていました。私も働きながら大学を卒業した経験者ですから、特に目をかけてやりました。非常に頭の良い青年で、飲み込みも早く機転も利き、人当たりも上々でした。他の社員からの評価も良いので、後継者候補にして育てていました。私が幾日か留守にする時など実印を預けたりもしました。

その青年が材料の横流しをし、立場を利用して悪事を働いていたのです。一〇年以上も真面目に勤めてくれたのに何と言うことをしてくれたのか、と信じられずにいました。

セコムの飯田さんなら即刻、懲戒免職にしていただろうと思いますが、私は甘ちゃんでした。「間違い、出来心はだれにでもある。改心して、二度と間違いを起こさないこと、毎月の給料から天引き返済すること」として、社員の誰にも分らないように処理して継続雇用しました。その青年がまたまた巧妙な手口で私を欺きました。とても悲しい出来事でした。「人は一〇〇パーセント信用して使うもんだ。逆に、一〇〇パーセント間違いを犯すものだと思って管理していかなければならない」「信用しても信頼するな」と若い頃飯田さんに言われたことが頭に浮かびました。

エレベーター本体工事

アベノミクスなんという訳の分らない言葉に踊らされて、金利も極端に安いのでエレベーターを長年使ってきた企業も、個人も、この際新しい機種に取り替えようという機運が流れてきました。

法的耐用年数は一九年〜二〇年ですが、多くは二五年位で入れ替えています。エレベーター会社は忙しくなりました。この先しばらくは忙しさが続くと判断し、下請け業者の増員を計画しました。

暗い、汚い、きつい、狭い、危ない、暑い、寒いと、世の中の仕事の嫌なものが全部揃っているのがエレベーター取替え工事です。その上、人がエレベーターを使わない時が働きどきですから、日曜日、祭日、夜間の出勤が絶対条件になります。

我が社にも本体工事部門を設けるように、幾度も要請されました。施工手順を知っている人がいないこと、指導員もいないこと、道具・工具を新たに購入しなければならないこと、その道具・工具の収納倉庫がないこと等を理由に断りつづけてきました。

そしたら、指導教官は派遣する。道具・工具は貸与する。大物道具の保管場所は貸す。あとは社員を準備すればいいだけだ。というい条件提示がありました。

お客様としたら、現有社員の何人かを振り向けてくれることを期待していたようですが、3K、4Kそろい踏みの本体工事に手を出したがる社員はいませんでした。募集広告を出しても応募者がありません。ハローワークに相談すると「初任給が高すぎますよ」という意外な回答でした。

初任給がこんなにも高額だということは、きっと何かある。相当きつい仕事に違いない。と受け止められるのだそうです。事実そうなんです。少しでも実情と異なる表現で募集したり、働かせたりすると、労働基準監督署に呼び出しをかけられ罰せられますから、本当のことを列記したのですがそれでは世の中は渡れないのです。

なんとか人手を集めて三年半やってみました。ずっと赤字です。計算上は二〇％の営業利益が出るはずなのにおかしい？　施工管理者として採用した人が、現場作業員と癒着していました。会社を食い物にしていました。私の管理体制にまたしても甘さがありました。

関係した社員をすぐに整理し、本体工事からも撤退しました。

夏目漱石の「坊ちゃん」の書き出しには「親ゆずりの無鉄砲でこどもの時から損ばかりしている」と書かれていますが、私の場合「ご先祖様ゆずりのお人好しで損ばかりしている」ということになります。せっかく家族的な交わりの経営をしたいと思ってやっているのに、甘さをつかれ、利用され、裏切られ、騙されて三〇年やってきました。

それでも私は誰一人恨みつらみを持っていません。その行為は二度とするなと今でも会ったら言いたいけれど、一人ひとりの人間は好きです。彼らが、私のためにしてくれたことは、良いことのほうが多かったと今でも感謝しています。

理想

だまされても
すべての人を信じたい
損をしても
すべての人に求むるものを与えたい
馬鹿にされても
すべての人に仕え
すべての人に仕われたい
憎まれても
最後まで　すべての人を愛したい

後藤静香が「理想」と題しているということは、後藤静香でも理想どおりにはならなかったのでしょう。お釈迦様だって「仏の顔も三度」「縁無き衆生は済度しがたし」と言っていますから。

それぞれが、それぞれに精一杯やること

しかし不思議と私の生活は安定しています。一時期のように銀座でクラブ遊びはしなくなりましたし、新幹線でグリーン車の指定席を予約することも無くなりました。ホテルはビジネスホテルで充分疲れを取ることができます。

ぶ厚いステーキを食べたいと思うこともありますが、日頃は鶏肉のモモだとか、ムネ肉、砂肝などを妻は上手に料理してくれます。立ち飲み屋が秋津の駅前にあって何時も混雑しています。若い頃を思い出してある日飛び込みましたら、「親父よ、体を半身に構えればもう一人一緒に呑めるんだぜ」と教えてくれた常連さんに出合いました。

私の会社を辞めていった人も辞めさせられた人も、今も一緒に仕事をしている人もみんな一所懸命に生きていって欲しいものです。人間でも動物でも植物でもこの世に現れたということは「使命」があるから現れたのです。「袖擦り合うも、他生の縁」といい、こうして出会ったり話をしたり何か一緒にやったりすることは「他生」からのご縁があるのです。大事にしたいものです。

「あんぱんまん」の作者、やなせたかし　さんは、「トンボだって、カエルだって、ミミズだってみんなみんな生きているんだ　ともだちなんだ」と「手のひらを太陽に」の歌詞を書いています。「必要だから生まれた　用事があるから生きている」とは後藤静香の言葉。

一人ひとりが自分の用事を済ませて欲しいものです。成し遂げた人を「勝利の人」と言います。

勝利の人

名なく位なし
しかれども
確実に勝利の人なり
不遇に生まれ
不遇に生き
ついに不遇に眠れり
しかれども
確実に勝利の人なり
直く清く彼の道を歩めり
永遠に勝利の人なり

第四章　鼎談《ていだん》

たった一度の人生、自分の人生は自らの手で切り開くしかない

鼎　談：出席者

トップ・ビジネスサポート株式会社　代表取締役　**塩原《しおばら》　勝美《かつみ》**

昭和測器株式会社　代表取締役　**鵜飼《うかい》　俊吾《しゅんご》**

株式会社山根電設　代表取締役　**村山《むらやま》　壮人《さかと》**

はじめに

独立・起業を夢みる人は、数多く存在します。そして、高い志を持って独立独歩の意志でその形を成した人。実力と他からの信頼で、周囲の人に推され成り行きで社長の職に就いた人など、時代の流れ、個人の事情などで独立・起業のあり方もさまざまです。

私たち三人の共通点は、地方出身者であり、若くして上京し、紆余曲折を経て起業してこん日を迎えていること。同時に自らの経験で学んだことがらを、次に続く若者に独立・起業における知恵やあり方を伝えておきたいと願っておることです。

このたび三人が鼎談し単に活字の羅列でなく、肉声でのかたちをお伝えいたしました。また巻末に熱い応援メッセージを掲載いたし、大いにみなさんの今後のご活躍を期待させて頂いております。

写真：左から
株式会社山根電設　代表取締役　村山　壮人
昭和測器株式会社　代表取締役　鵜飼　俊吾
トップ・ビジネスサポート株式会社　代表取締役　塩原　勝美
平成29年（2017）9月15日、東京都千代田区　喫茶「青木堂」にて。

塩原勝美（以下塩原）：私たち三人がこうして集まり、座談会を開くのは、近い将来、独立・起業の思いを秘め、また若くして起業し、事業を必死に継続している皆さんのために、私たちの考え方、歴史、また思いみたいなものを助言として一つの冊子にまとめ、次につなげていきたいと考えたからです。

ある資料に目を通していたら、感銘を受けた文章として、「キネアスの碑文」というのを引用したものがありました。バクトリアの都市遺跡「アイ・ハヌム」（※編集部註：紀元前に存在したギリシャ人による古代都市。現在のアフガニスタン北部に位置する）と見られるキネアス（※編集部註：古代ギリシャの政治家・外交家）の霊廟に彫られた碑文です。その中に、**「子供のときには節度あることを学ぶ。若い青年時代には感情をコントロールすることを学ぶ。中年になって正義を学ぶ。老年になっては良き助言者となる事を学ぶ。そして最後に悔いなく死ぬ事である。」**とありました。ちょうど私自身が古希を迎えた年だったものですから、非常に胸に刻まれました。

助言とひとことで言いますが、今の世の中に、親身になって注意を与えたり、助言したりするということは少なくなったと感じます。この碑文が、三者共著の原点となったわけです。

塩原：鵜飼さんとはランチをともにする機会がたくさんあって、その中でのお話を、いつかテープに録って、本にしようよ提案をしましたら、大賛成だったんですね。そうした折に、村山さんとの出会いもあって、村山さんの生きざまも大変なものだなと感心させられました。

それで三人向かい合って話す、鼎談ということになったわけです。私は鵜飼さんとはあまりにも近いものですから、村山さんがここに加われば、より若者へのメッセージのレベルが上がるんじゃないかと思い立って、村山さんにご相談をして、いろいろ紆余曲折はありましたけれども、こうして賛同いただきました。

後半部分で、「若者への応援メッセージ」という項目を作ってあります。これは私たちが趣味や道楽でこの本を作ろうと思っているのではなく、若者へのメッセージを載せるために作ったのだということを、強調したいからです。そのことをまず申し上げておきます。それともう一つは、村山さんも、鵜飼さんも、ともに人生の師という人に巡り合っているんですね。私はそうでない部分があって、うらやましく思います。そういう話は、これから若い人にとっては、貴重な話ではないかと思います。たくさんの人と出会っても、師となる人に出会えるのは最大の幸せなんじゃないでしょうか。そういう話を若い人に伝えていきたいと思います。

――では、塩原さんがこういったしっかりしたレジュメを作ってくださったので、これに沿って伺いたいと思います。皆さん地方の出身でいらっしゃるということで、上京のいきさつと、同時にどんな若者で、何を考えて上京してきたのか、お三方で話していただければと思います。

鵜飼俊吾（以下鵜飼）：私は、岐阜県の東濃地区の出身です。中学時代は比較的裕福な家庭でした。あの近辺は「美濃焼」といいまして、陶器の生産が盛んです。窯で焼くわけですから、燃料が全部石炭です。石炭を掘って出すのがうちの実家の稼業でした。しかし、石炭、亜炭は燃料の変革でしだいに石油に変わってしまって、結局倒産に追い込まれました。中学時代の私は、番長をやったり、生徒会長もやったりなど、暴れまくっていました。当時からどちらかというと出張るのが好きな子供だったのですが、石炭が駄目になっちゃいまして、進学もままならないということで、結局、岐阜から名古屋を目指して夜逃げして、そして東京に出て来てきました。

そこで偶然、いい先生に恵まれました。東洋思想の権威である安岡正篤先生です。就職した会社の社長がお世話をしていた会があり、また社長の師でもありました。私はその会の世話役の補助の仕事をさせていただきました。講演のための楽屋裏でコップの水を出したりしていたんですが、そのときに安岡先生の講演を毎回聞けるわけです。裏方ですから、行くところ行くところの楽屋裏でその話を聞いているうちに、少しずつ自分の考えが変化してきたという、非常に恵まれた時期でした。

――まず名古屋にいらっしゃったんですか？

鵜飼：名古屋に出て、守銭奴のように、金が命だというぐらいの気持ちで働いて。見事失敗してしまいましたが。

――どこかにお勤めになったわけではなくて。

鵜飼：やはり自分は学歴も縁故も何もないので、勤めるというんではなくて、会社を起こしました。

――どのような会社ですか？

鵜飼：たまたまですけども、当時世の中が荒れていて、泥棒もいっぱいいましたので、盗難警報器というものを作って売れば、ちょっともうかるんじゃないかと。

――昭和何年ぐらいですか？

村山壮人（以下村山）：（東京）オリンピックの前ですか？

鵜飼：そうですね、五〇年以上前です。

――ご実家はいろいろあったけれども、名古屋に出てきてそこで起業したということですね。よく思い付きましたね。「警報機のはしり」ですね。

鵜飼：いや、そうでもないですけど（笑）。やはりまず、やむを得ずというところがありました。

自尊心というか、よくできる生徒だったという記憶が自分の中にはあったんですね。実家の家業は倒産したけれど、何としても自分は芽を出して、立身出世を果たさなければいけないという野望があったのだと、今思えばします。その辺の会社に勤めて平々凡々としてという気持ちは全然なくて、ある意味厳しい人生を自分から進んで挑戦したわけで、それが起業という形になってあらわれたということですね。

村山：私の場合、新潟の山奥です。川一つ越えたら長野県というところで、非常に自然環境は豊かでした。春夏秋冬がはっきり分かるんです。どうも考えてみると、先祖代々お人よし。だまされ続けてきた家系ですね。その中で、だまされても、自分が持っているもので、人が喜んでくれたら、それでいいじゃないかというような家風でした。

父親は勉強したかったんだけどできなかった。だから子どもたちには、ある一定の年になったら、一所懸命勉強しなさいといっていました。二人兄がいたんですが、その兄たちも、昔で言えば国民学校、それから中学、それを卒業したらすぐに東京に出て、昼間働いて、夜は学校に行くという生活。私は父の跡を継いだ仕事も楽しいかなと思っていたんです。お百姓さん相手に種を売ったり、お花を売って、きれいなお姉さんたちに喜んでもらういい仕事でした。それも僕は嫌いじゃなかったんです。だけど、二人の兄が、いつまでも田舎にくすぶっていては駄目だよ、早く出てこいと誘うんです。それで、東京に出てきたのは一四歳です。ちょうど今の平成天皇（今上天皇）が皇太子時代で、ご結婚された頃ですね。たしか昭和三四年

（一九五九）四月一〇日だったと思うんですが、僕は三月二八日に出てきています。当時は東京に丸々一年間居住していないと、都立高校の受験資格がなかった。それで東京には一年前に出てきたのです。

当時、村のほかの子供たちは、中学卒業して東京に出たら、一カ月の給料の半分は親元に仕送りするのが常識でした。今の金で月に一五万円もらうとしたら、自分の生活に半分、あと半分は親元に送る。そのぐらい貧しい集落だったんです。だけど父は、私に一切仕送りはしないでいい。その代わり、親も仕送りをしない。昨今、母校の中央大学の会合に出ても、みんな親から金をもらってすねかじりで大学出た人が多いです。でも僕は、一四歳のときから全部自力で生きてきました。一番僕にご飯を食べさせてくれたのは犬です。犬の散歩係の収入で生活していました。だから犬はいまだに大好きです。

――お兄さんが東京にいらっしゃったんですね？

村山：兄のところに潜り込んで。三畳一間に三人で住んでいました。すごいでしょう？　半分押入れに入らないと寝られない。それはそれで楽しかったんですけど。

とにかく勉強しなきゃと思いました。父も勉強したかった、兄たちも勉強したかった。私にこそ勉強させようということで、親には仕送りしないでいい。自分で生きていればいいんだという条件ですから。「苦労しましたね」と言われますが、僕はあまり苦労と思わなかった。兄とか親と比べたら、ものすごくラッキー。自分の生活費だけでいいんですから、ラッキーですよね。

塩原：私が東京に出てきたのは、昭和三七年（一九六二）。群馬県の県庁所在地、前橋市の出身です。今は、行くたびに胸が痛むほどの寂れた街になっちゃいましたが。父親は座繰り製糸という、繭から糸を紡ぐグンゼというところに勤めていたのですが、やがて独立して、小さな工場をやっていました。私の母親は後妻でした。先妻の子供、義理の兄みたいな人と、私たち家族は、私が長男ですけど、五番目の子供として育ちました。当時は一つの家庭に異母兄弟がいるというのは、どこにもある話だったのですが、なかなかなじめない。そういうことで、早く家を出たいと思いました。加えて親父が酒癖が悪く、酒飲むと酒乱っぽくなって、お説教を始める――いいお説教だったらいいけど、ろくでもない、私にとってみればですね。姉たちもみんなしかめっ面して、正座をして聞いていた。早くこの家を出るにはどうしたらいいかということを常に考えていました。中学のときにクラスの先生と今後の進路をどうするかと相談しました。「僕は早く家を出て、大工の修行でもして、一人前になりたい」と言いました。問題点を他人が解決してくれるという発想は一つもなくて、人がいろいろサポートしてくれることは初めから期待していない。独立独歩の精神でしたが、それが培われたのは、やはりそんな家庭環境があったからです。そうやって東京に出てきました。

それともう一つ、立志の思いというのもありました。小学校・中学校のときは、いわゆる正義感の強い子供だったんです。今いじめっ子みたいな話をよく聞きますが、逆にいじめている人間を統制して、そいつらに「いじめちゃだめだ」と指導するんです。口で言ってもわからないから、場合によっては暴力でやるしかない。そうするとこちらも徒党を組まなきゃいけない。そこでリーダーシップを発揮して、小学校六年生ぐらいから、五、六人の子分を連れて徘徊しているような状況でした。小さな見守り隊みたいなものですね。

村山：自衛隊だ（笑）。

塩原：いじめの話を聞くと、そこに飛んでいって、「何やっているんだ！」ぐらいのことを言っていました。小学校六年のときに描いた自分の将来像といえば、おまわりさんだったんです。今でも思い出します。それと、高校時代にはたくさんの本を読み、著者を人生の師として仰いだこともあります。私は高校時代から松下幸之助とか本田宗一郎の本をたくさん読んでいました。その頃、山崎豊子の処女出版で、『暖簾』という本が出ました。それを読んでものすごく感動しました。どんな苦労をしてもいいから、人の三倍も五倍も働いてもいいから、何とか身を立てていきたいという気持ちを、その本を読んで強く思いました。就職活動をするときの履歴書の中に愛読書というのがあって、友だちが夏目漱石の『坊ちゃん』と書くのを、私は山崎豊子の『暖簾』と書いた。就職面接のときに何か質問されちゃいけないから、本当にしっかり読み込んだんですけど、残念ながら面接は、そのころ軟式テニスで群馬県でナンバーワンでしたから、「右のボレーが得意ですか？　左のボレーが得意ですか？」という質問で、思わず足をすくわれたみたいに空振りに終わりました。そういう意味ではちょっと、高校生としてはませていたんだろうなあと思います。

――そういった幼少期をお過ごしになられて、やがて上京なさったわけですよね。鵜飼さんの立志の思いというのは、名古屋に出てきたときのことですか？

鵜飼：先ほど申し上げた家庭環境で苦しんだということがあって、学歴がない。反発ですよね。それと自尊心というか、みんなから「あいつはきっと偉くなるだろう」という声が聞こえてくるような気がしまして（笑）。どうしても何かやらなきゃいけないので、名古屋へ出て起業する。そして一つの会社を起こしました。

――最初から会社を起こすつもりで？

鵜飼：そのつもりでした。条件がそろっていなかったということもあるんじゃないですか？会社に勤めるという。条件というのは、お金もないし、学歴もないし、自分でやるしかないという選択肢しか残っていなかったということもあるわけです。田舎の高校しか出ていないし、実家は倒産して、全部追い出されちゃって、散り散りバラバラで。

――散り散りになってしまったんですか？

鵜飼：兄とか、下の妹も、当時はかかったらもう治らないと言われた病気で、長期入院でした。

村山：亡くなられたんですか？

鵜飼：そうです。長女も、三女も亡くなっていますね。そんなような非常に厳しい状況でした。

――東京に出てきたのは…。

鵜飼：五五年前に名古屋で起業しました。昭和三七年（一九六二）ですね。そして昭和四五年（一九七〇）に昭和測器を設立しました。

村山：それはセキュリティーでなくて、今の仕事ですか？

鵜飼：そうです。

――村山さんが上京したのは一四歳のとき。会社を起こすまでの立志の思いというのは？

村山：そこは皆さんとは違って、そんなきれいごとじゃないんです。中学三年で勉強するために東京に来て、この一年間というのは本当に僕の七三年の人生の中で、一番勉強した一年ですね。睡眠時間は大体二時間半から三時間。四時間寝たら合格しないよと言われた。

――都立高校に入るために？

村山：そうです。僕らのところで一番いいのが両国高校、その次が墨田川高校、その次江戸川高校。とにかくその両国高校に入ると、大体二〇人か三〇人は東大に行けると。学校というのは東大が一番いいんだというので、それじゃ東大に行こうと（笑）。中学三年、ものすごく勉強しました。そうしたら何とか江戸川高校に入ったんです。後で採点したのを先生が見て、「この点数なら両国でもよかったね」と言われましたけど、それはもう後の祭り。受験高校が江戸川高校ですから。それで江戸川高校入ったら、それがつまんないんですよね。授業で教えられること、ほとんどもう中学校の一年間で勉強しているから。なので、自分が今やらなきゃいけないことをやろうと決めました。僕は「日本語」がしゃべれなかったんです。新潟弁しかしゃべれませんでした(笑)。この言葉を直そうと決めて、演劇部に入ったり、区民劇団に入ったりしました。それでも駄目でした。それでラジオを聞きました。きれいな江戸弁の古今亭志ん生さんとか。この人のところに行って習おうと思って、一所懸命探したら、上野・鈴本演芸場に出ていたんです。そこに通うようになって言葉の勉強して、今どうにか少し、日本語通じるでしょう？（笑） だから僕が東京で生きられるようにしてくれたのは、中学三年の一年間を僕に教えてくれた先生と、高校時代は落語家ですね。寄席へ行くと、学校では教えてくれないいろいろな、いいことも悪いことも教えてくれるんです。そんなことをして高校を何とか卒業したとき、噺家という世界がいいなと思いました。そっちへ弟子入りしようとしたら、親、きょうだい、学校の先生、みんなから総スカンを食いました。

「芸人なんかになるんじゃない」と。昔はそう言われたんです。それでとにかく兄たちは夜の学校しか行けなかったらから、お前は昼の大学に行ってくれと。一番月謝安いところはどこですか？　と聞いたら、それは国立大学だと。じゃ、東大しかないといって、「東大」と志望したら、担任の先生に「お前は自分の成績をわかっているのか？」と怒られまして、じゃ、私が行けるところで一番月謝が安い学校はと探したら、それが中央大学でした。動機が不純ですよね、皆さんと違って。中央大学の二部を卒業した兄が一所懸命法律の勉強をしていたのを見ていて、こんなことまでやって法律家になるのは嫌だと思いました。

村山：僕は経済学部に入ったんですけれども、多分補欠で入って補欠で卒業したみたいなものだから、あまりしっかり勉強はしていないんです。僕は大学一生のとき、実はすでに社会人一年生なんです。警備会社で一番最初にできたのは、昭和三七年（一九六二）七月にできた、日本警備保障、今のセコムなんです。私は大学に入っても自活しなければなりませんでしたので、三、四カ月仕事を探したんです。そうしたら日本警備保障が何と学校のすぐ近くにあった。身元がしっかりしていれば学生でもいいというので行ったんです。そうしたら採用してくれました。セコムの一番偉い人、飯田亮さんが二八歳。ちょうど僕と一〇歳違うんですね。だから夜はガードマン、昼は学生。これずっと四年間やりました。そのまま会社にいてもいいけど、みんなが就職するでしょう？　僕も就職しようと思って、情報誌を見ていたら、「何してるの？」と。それが飯田亮さんだったんです。「就職先を探しています」と言ったら、「うちでは駄目か？」と。「いいんですけど…」「じゃ、うちにいてくれ」と。だから僕は就職試験受けたことがないんです。なので、大学一年のとき採用されて、それから一〇年勤めました、セコムに。

――卒業してから六年ぐらい。

村山：そうです、そうです。あらゆる分野の仕事をやらせてもらったんです。日本中あちこち行かされました。

鵜飼：ガードマンという単語のはしりですよね、『ザ・ガードマン』（※テレビドラマ）。

村山：テレビに出たあのマークが、うちの会社のマークをそのまま使っていたんです。宇津井健さんが主演で。日本警備保障では、いろいろな分野の仕事を経験させてもらいましたが、この会社で何を勉強していないだろうかと思ったら、経理なんですね。大学では一応経済学部でしたから、経理というのもやってみたいなと思って、転属願を出しました。そしたら、飯田さんに「お前には経理はやらせない。お前が経理をやると、必ずこの会社をパクって、どこかで独立する。そういう気性だ」と言われたんです。ああ、当たっているなあと思いました（笑）。じゃ、しようがない。何かそういうものを勉強したいなと思って、ちょっと誘いがあったので、フラフラっとよそにふらついて行って、見事二年間で大失敗をしました。

――セコムはもう辞めたんですか？

村山：「経理にはお前は行かせない」というから、「じゃ、僕はこの会社を辞めます」と言って辞めたんです。「なぜだ？」「経理やらせてくれないから辞める」と。理由は簡単でした。その頃ちょうど結婚もしまして、いい嫁さんもらったし、セコムの飯田さんからはすごい壺を結婚祝いにもらって。これは今もあるんですよ。

今だったらどこでも当たり前になっていますけど、銀行に時間外に行くと、ピンポンってやって開錠してくれる装置があるでしょう？　あのシステムを僕の友達が考え出したんです。これでひと仕事してみようと思いました。

――夜間金庫のことですか？

村山：夜間金庫じゃなくて、施錠させている裏口に行って、例えば「塩原さんに会いたい」とインターフォンで話すと、「村山さんね、はい、分かりました。」と、ガチャっと開錠してくれる遠隔装置を僕の友達が考えたんです。

鵜飼：何か縁がありそうですね。うちもあのドアが開いたときに鳴るのは、裏側にあれ（警報器）をつけたのがうちの会社ですから。

村山：で、そのシステムを考え出して、じゃ、僕はセコムに一〇年いたわけですから、お前のシステムだと単純で駄目。もっと付加価値付けようと言って、火災感知機と連動させようとしました。非常口は普段施錠されているんですが、施錠しちゃいけないですよね、非常口なんだから。でも、そうしないと泥棒が入ってくる。だから非常口を施錠してもいいけど、うちのこのシステムを導入すると、火事になると自動的にバンと開錠しますよと。これなら消防庁も何もお墨付きもらえるだろうと勝手に喜んでいました。

塩原：自分で考えたんですか？　それ。

村山：その部分は僕が考えました。錠前は友達が考えました。それはどういうことはないんです。感知器から接点持ってきて、ちょっとくっ付けるだけですから。だけど、いまだにそれはないですよ、日本に。火災感知機連動はないんです。あれをやるとたぶん、通産省（経済産業省）か消防庁か、そういうところが困るのかな？

鵜飼：でしょうね。ドアで火災は、ちょっと困りますね。

村山：でもあれは、僕が考え出したあのシステムは、いまだにいいシステムだと自負しています。そしてそれを何台かつくって売り込みに行きました。超一流のホテルも採用してくれました。精神病院も採用してくれました。それから刑務所、法務省にアピールしました。でも、法務省は駄目でした。精神病院とホテルと、その他の会社で何社かに売れたんです。これはいいと言って、左うちわになる予定だったんです。ところが、欲を出して、錠前そのものを美和ロックだとか、ゴールだとか、ショウワだとか、堀商店の錠前を加工すればよかったのに、錠までうちで作っちゃおうと、作ったんですよ、金物屋呼んで。駄目ですね、やっぱり専門は専門。「開けなさい」と信号を出す、そこまでが僕らの仕事で、その先は錠前屋の仕事です。錠前が悪いために、ひっかかったり一回抜けたやつが入らなかったり。そういう不具合があって、全部の客にキャンセルされました（笑）。それでパァです。

塩原：それでつぶれた？

村山：解散しようと、やめました。特許は美和ロックさんに買ってもらって。だから本当の起業はそこだったんだけど、それはもう、あんなもの無理だと思いました。ちょうどその頃、社会教育とか、社会福祉が叫ばれ始めた頃、僕が所属していた修養団体に、ぜひ手伝ってくれと言われ、今度はそっちの世界を四～五年歩いて回り道しました。今それが何とか、いろいろな意味で役に立ってはいますが…。で、そうこうして、いろいろあって、本当に起業したのは、四一歳で失業した後です。

――それはロックの話ではなくて。

村山：はい、その失敗の後、社会教育関係のいろんな仕事をやって、ひと区切りしたところでその団体を離れました。最終的に勤めたのは福島原子力発電所です。その会社には、一日五〇〇〇人ほどの労務管理が、できる人がいなかったんです。僕は社会福祉とか社会教育の分野で培った知識で三六協定（労使協定の書類づくり）くらいは作れましたから。本社にいてくれと言われたんですが、本社にいてできる仕事じゃないんです。毎日労働者と一緒に顔突き合せて、一緒に飯食って、背中流しっこしていないと、労務管理できないんです。

——それはお勤めとして。

村山：そうです。約八年間、そういう荒くれと付き合いました。

——福島で？

村山：はい。そのときは三億円の保険に入りました。多分明日は生きていない、明日は生きていないと、毎日その連続です。だってほとんどの人が、全部脱いでも、まだ「シャツ」着ているんです。竜とかクモとかの絵描いた…（笑）。

——脱げないシャツ（笑）。

村山：だからそういう人たちとうまく付き合うには、現場に一緒にいなきゃならない。そうして原発がひと通りでき上がったときに、仕事もなくなり。失業しました。それで、何かやろうといったときに、後藤静香という人の本の中に、「自分が今できることを今やればいいんだ」とありました。それが儲かるか儲からないか、それは関係ない。「今、自分にできることを今やればいい。そうしたら、その次何をやらなきゃならないかは、自然と出てくる」と書いてあるんですね。僕は大学卒業して、二〇年間一回もクラス会やっていなかった。じゃ、僕は今暇だから、みんなに通知して「集まれ」と言ったら、三分の一集まりました。もう四〇歳、四一歳だから、みんな花形営業部長とか、支店長とかになっていました。僕は何もないわけです。失業中だから名刺はないと言いました。そうしたら、三菱電機にいた友達で、これが超エリート、花形営業課長だった人が、「何でもいいから三〇〇万円の会社作れ。何かやらせてあげるよ」。まさに後藤静香が言ったとおり、今、自分にできることを一所懸命やったら、次の使命が自然と出てきました。三〇〇万円の会社だから簡単に作れると思いましたが、それが大変だった（笑）。それが起業の原点です。だから、「これをやろう」と構えたものは僕には一つもないんです。いいかげんなんです。

――それが電設の会社ですか？

村山：最初は「山根設備工業」って、水関係の仕事です。原発は全部水ですから。水の知識は一応労務管理をやりながら勉強していきました。ポンプを回すときの軸の回転の振動は非常に大事なんです。

――原発の建設会社なんですか？　ゼネコンみたいなところですか？

村山：ゼネコンと全然違います。プラントです。そのときの親会社が東芝プラント。それで東芝の人との付き合いがあって、ああ、東芝、苦労するなと、そう思っていました（笑）。

――巨大なプラントだったわけですね。

村山：そうですね。

鵜飼：私も東芝で立ち上がって、東芝で生きています、今も。

村山：そうですか。じゃ、あんまり悪口言えない（笑）。

鵜飼：いやいや、取引先ですから、全然関係ありません（笑）。偶然同じような人生ですね。

村山：分かった、鵜飼さん。東芝の人と付き合っていれば、東芝の人に交際費を使い始めたら、年間三〇万円では絶対終わらないですね。

鵜飼：そうですね。

村山：三〇〇万円でも足りないと思いますよ（笑）。

――塩原さん。

塩原：高校時代には、人様より三倍、五倍働いても、収入はほかの人よりたくさん取って、いい生活がしたいという気持ちがありました。親父が商いをやっていたがゆえに、正直言って嫌いだったと言ったらおかしいんですけど、家の中が片付かないわ、母親をこき使っているわ、私たちが受験勉強でも、学期末試験のときでもどんどん手伝わされて、商売って本当に大変だなと思っていました。友達のところに遊びに行くと、お母さんが白い割烹着を着て、部屋が片付いていて、おいしい料理作ってくれるし。うちに友達が来ると、母親は父親の仕事を手伝ったりしていて、いろいろ複雑な思いで、私にとっては苦痛でした。

上京して、大企業勤めも中小企業勤めも経験して、何か一度自分で商いとか商売というものを経験したいなと模索していました。仮にそれがうまくいかなかったら、田舎へ帰ろうというような気持ちでいました。中小企業に勤めていた当時、出入りしていた印刷の業者の人がいました。私は営業の統括をしており、何でもしなくちゃいけないので、その印刷の発注も私の業務のその一つだったんです。勤めていた中小企業というのは、都市の焼却場をつくる会社でした。伝統はあるんですけど、経営が非常に前近代的なもので、いろいろ難しく、辞めようと思ったんです。商いをしてみたいなと思っていたところに、その印刷の業者の人が、私に向かって「以前証券会社にいたそうですけども、今度会社を興したいので、株主に応募してくれるような人いませんかね？」と尋ねられました。私はあまり人を疑うこともなかったので、「いいですよ」と言って、証券会社時代からお付き合い頂いていて、私を大いに信頼してくれている人に、会社を興したがっている人がいると紹介したんです。株主になってくれませんかと？　そしたら、「塩原さんは人がいいね。あなたを信用しているので、あなたがやるんだったら資本出してもいいよ」というんです。株式会社の株式を持ってもいいよというようなことです。そういうこともあるんですね。とにかく、大企業、中小企業と経てきて、自分で商いやりたいことを考えたときに、勤めていた焼却場の会社なんていうのは、もうスケールが違いますから、とても個人でできる感じではなく、なので、その話に乗ったんです。共同経営ですね。ところが、しばらくたつとやはり「あ、これは違うな」と感じました。外にいたときと、中に入ったときではやっぱり違うなと、いろいろ葛藤が生まれました。しかし、ここでまた振り出しに戻って新しいことをするよりは、この道を追っていってみようと思いましたね。そこで腹を決めて、会社の名前を言わないで、「塩原です」「塩原です」「塩原です」ということを言って営業努力をしておりました。いつか自分が、きちっと自分の自前の会社を作ったときにはスムーズにいけるようにしようと。だから四年計画。共同事業期間が四年もあった。普通だったら、嫌だったらすぐやめるんですけど、私は東京のこともあまり知らない、商売のことも分からない。ですから、彼が一度会社をやってつぶしたということも聞いていて、なぜつぶれたかというのは、後で彼がだらしないからと知ったのですが、私はつぶさない会社をつくろうと、遮二無二そういう道に入っていったんです。

そのときに、たまたま幸せだったのが、単なる印刷という仕事じゃなくて、外国向けの印刷物をつくるという考えにいたったことです。当時、ライノタイプとか、活字を組んだり、いろんなことをやりながら印版の版ができてくるわけですが、そのときＩＢＭ製のタイプライター――植字機ができたので、それをいち早く私たちの会社に導入することに決めたのです。ただし高価で、二〇〇〇万円以上する機械だったものですから、買えません。苦肉の策として、それを専業としてやっている人を、机は貸してあげるからうちでやりなさいと言って、社内外注としながらそれで対応しました。

その間四年でしたが、その間にはもう、大体全体的な業務の把握ができており、昭和四六年（一九七一）に私自身が会社を作ったときには、私が開拓したお客さんは、ほとんど私についてきてくれて、得意先の移行もスムーズに行きました。私の方もノウハウとか、お客さんに対する信用、そういうものは本当にたくさんあったので、スムーズにできました。お金を調達するということに関しては、株を持ちたいという人には持ってもらうこともありましたが、自前でやはり資本金を準備したいと思い、今みたいに若い人が起業する時に日本政策金融公庫からお金を初めから借りてスタートするというようなことについて、私は昔から警鐘を鳴らし、金というのは借りたら返すものだから、初めから借金依存しているような、そういう計画をしていたら駄目だといってきました。そのバックボーンは、こういう私自身の考え方からきているんです。ですから、共同経営でスタートしたときも、八か月間は無給でやりましょうと私から言ったんですね、独身でしたから。向こうは所帯持っていて、会社一度つぶして、資本金も集められない。だから私が集めた。妻帯者が半年以上無給で生活するのは今では大変ですが、当時私は独身でしたので、だから無給でやれたわけですね。借りたのは小さな汚い事務所で、業務全てアウトソーシング。ですから、そういうことをしたのにもかかわらず、事業が軌道にのった折に、パートナーは荷物運ぶために商用車を買うんだと思ったら、乗用車買った。通勤のため、家族のため。それでもう私は、「この人はもうそういう志のない人だ」と思いました。その辺にいる印刷屋さんの親父と同じなんだと。私は「事業」としてやろうと思っているのに。だけど、今日明日喧嘩別れしてもしようがないので、やはり自分が十分立ち上がる状況ができるときまでは、ならぬ堪忍、するが堪忍を通さなければならない。そうやって、四年間は本当に野に伏して、とにかく自分の次のことを考えてやっていました。その後に結婚もして、子供もできたけれども、準備ができたときには、借金もなく、何人かの人間もそばにいる状況を作れて、全く明日の飯も食えないというスタートではなかったのです。事実、私は起業してから一回も給料の遅配、欠配もないです。今まで四六年間、一つもありません。うちの家内なんかにしても、従業員に対してもそれは一つもありません。

――塩原社長に関しては「結婚」「奥さん」もキーワードということですが、起業したり、運営したりしていくためには、やっぱり奥さんの存在は大きいものですか?

鵜飼:私はすごく大きいと思っています。例えば松下幸之助氏も、五〇〇〇人の社員の前で

「自分の妻『むめの』によって、この松下はできた」という演説をされたというぐらい、やっぱり奥さんの力というのを、ご本人が公言なさっています。それと同様、私も妻によって支えられました。昭和測器があるのは妻のおかげだと。

――結婚は名古屋でなさったんですか？　東京ですか？

鵜飼：結婚したのは、東京へ出てきて、当時の山形相互銀行（現・きらやか銀行）が東京支店を作っておりまして、そこに私が、金庫開けると鳴る警報器の取り付けに行ったときに、支店長の娘――それが今の私の奥さんです。

村山：何歳ぐらいのときですか？

鵜飼：三〇歳でした。昭和四五年（一九七〇）です。私はそのときに、結婚と会社の設立と、一遍にやりました。

――奥様は具体的にはどういうふうに支えてくださったんですか？

鵜飼：私は今でも感謝しているんですけど、裏方に徹する奥さんです。自分の妻を「奥さん」というのは、松下幸之助氏が「奥さん」と言うから、私も倣って言っているだけですけど、

「奥さん」と呼ばせてください。やっぱり東北の山形出身なんですけど、山形の鶴岡といえば、歴史のある鶴岡城をはじめ、「妻は夫を支え、常に夫の仕事をバックアップするのが妻の務めだ」という考え方がずっとあるんです。ですから、今日ここへ来るときでも「気を付けて行ってらっしゃい」と玄関まで送ってくれています。これがうれしい、私の支えになっているんです。

――いつも奥様はそういう感じで?

鵜飼：必ずそう言って支えてくれますね。

村山：一〇歳ぐらい若いんじゃないですか? 奥さん（笑）。塩原さんの立志の精神、雌伏四年間。今日初めて聞きましたけど、びっくりしましたよ。

塩原：余談になりますけど、当時こいつと一緒に仕事するのは頭に来るなあと思いました。こいつを殺してしまえばいいかなと思ったこともあります。彼が助手席に乗るでしょう? とにかく、物を運ぶことがどれほど辛いことかというのがわかっていない。私が納品するために当初は自転車で運んだり、タクシー呼んだり、友達の会社の車を運転手付きで借りたりして、そういう考えられないような大変な思いをしている中で、自分の通勤用に車を買ったということが許せませんでしたね。彼が助手席にいたときに右折しちゃえば、直進車とぶつかるじゃないですか。その当時はエアバッグなんかないわけですから。そうしたら向こうはバン…と（笑）。

村山：これからは、塩原さんが運転するときは、助手席に乗らないようにしよう（笑）。

鵜飼：右折の時などは危険ですね。

塩原：再来年免許が更新ですから、返上します。今乗らないようにしていますから。

村山：まだ早いでしょう？　私とほとんど一緒だもん、鵜飼さんは何年生まれですか？

鵜飼：昭和一四年（一九三九）。

村山：じゃ、四つ、五つ…。

鵜飼：四つぐらい上ですね。

塩原：まあ、そういう色々なことがありましたよね。

村山：四年間の辛抱、忍耐というのは、今日初めて聞いてびっくりしましたね。

塩原：もう一つ、私今マンション借りていますが、新婚当時からアパートをどこか借りて生活したことはないのです。以前、千葉県八千代市の勝田台というところに大成プレハブがテラスハウスをつくり、そこの第一期生として入居しました。たとえば私の手許にお金が一〇〇万円あったとするでしょう？　私が自分で、爪に火を灯して貯金したお金です。そのときに、なぜ私がパートナーに対して不満を持つんだろうと思ったわけです。結局自分にはいつでも独立できるこの資金があるからだと気付きました。だからこれを一度なくしてみて、もう一度冷静に考えてみようと。ですから住宅購入の頭金にその金を使ったんです。金があるから不満が増幅するんじゃないかと思ったわけです。一度ゼロにしてみれば、また冷静になれるんじゃないかと。単純に我慢しているんじゃなくて、そういう練り込みですね。そうやって頑張ったのですが、やはり駄目だと気づきました。結局会社の資本金としての出資金は全部引き揚げて、株式評価云々じゃなくて、とにかく出した金は原価で戻せばいいという、単純な話でした（笑）。

村山：それでその共同の会社は？

塩原：いやいや、私自身がもうこいつは駄目だとあきらめたときに、もう「追い手に帆かけて」じゃないけど、もう満を持していますから、ダーンと飛び出したわけですね。そうしたら彼が、七、八年ぐらいで病気で亡くなっちゃったんです、私が引き揚げてから。その会社はそこの番頭たちが継いで、名前も相変わらず残っているんじゃないかと思うんですけども、ここがポイントなんです。仮に満を持して飛び出すのではなく、もっとおとなしくそこで我慢してシコシコとかチマチマやっていたら、私はどうなっていたかといえば、こん日はないわけです。でも、ダーンと行ったために、やはり大きな落とし穴もあったりして。だから何が良かったか、分からないですけど、そういういろいろなことがありました。

――村山さんの奥様は。

村山：うちは本当にいいかげんなんです(笑)。私は子供の時分から父親に言われていました。「大人になって、将来結婚することがあっても、学校の先生と看護婦は絶対だめだと。なぜならば、みんな上から目線で見る女だ。そういう女は駄目だ」と。

――そうですか。

村山：彼等は二二、三歳で大学卒業してくると、もうみんなが「先生」と呼ばれるでしょう？特に田舎なんか先生「様」がつくわけですよ。扱うのは全部人質ですから、子供は。いざとなったらどんな点数だって先生が勝手につけられるわけでしょう？

塩原：昔はね（笑）。

村山：僕ら子供の頃、それこそ鵜飼さんなんか聞いたらびっくりするだろうけど、「先生様、これ、うちの白菜です」「大根をどうぞ」「沢庵がうまく漬かりました」って、みんな持っていく。だから先生、天狗になって鼻たかだかになっちゃう。だから先生は駄目。看護婦も、みんな「看護婦さん、助けて」って、弱いやつを相手にするんだから、看護婦は上から目線だと。

塩原：そうですか？（笑）

村山：そういう女を嫁にしてはならないと。僕は小学校のときにおできができて、「看護婦さん優しかったなあ。将来ああいう人と結婚したいなあ」と思ったけど、看護婦は絶対駄目だとはバリア張られていたわけですよ。そうしたら、何とある日田舎から連絡があって、二六歳を過ぎた頃、田舎の同級生みんな結婚した。お前とどこどこのあんちゃんだけが嫁もらっていない。もし付き合っているいい女がいるなら連れてこいと。さもなきゃ、田舎で見つけると言うんです。僕はそのときはそれこそセコムの花形営業マンで、バンバン働いて、もう外から帰ってくると、僕の机の上にメモがいっぱいあるわけですよ。全部お得意さん。「またこの仕事頼みたい」と。だから何もしなくても仕事来るし、営業成績も上がるし、毎晩のように「飲みにいくぞ」とやっていた。「お前は火曜日、お前は水曜日」って具合に、モテたというか、女の子いっぱいいましたよ。だから結婚なんて何も考えていなかった。ところが親父がそう言ってきたでしょう？　僕はきょうだいが七人いるわけです。
　僕がどの女性を連れていっても、きょうだいの誰かが反対することはもうわかり切っている（笑）。だから、ああもう親に任せます。親が決めたんだったら、誰も反対しないでしょう。猫の子でも犬の子でもいいよと言ったんです。その後、僕が仕事に邁進していたら、一週間でいい子が見つかったから、うちで見合いをさせるから戻ってこいと。とにかく行って、さっと見合いして、さっと帰ってこようと思って田舎に帰ったら、相手がいない。どうしたのか。「今、台所で皿洗っている」って。変な人だなあと思って行ったら、かわいい子がいるんですよ。「こんにちは」って言って。その子は高校時代、うちが花屋さんをやっていましたから、アルバイトに来ていた女の子で、僕はよく知っている。「あんたが僕の嫁さんになる人？」「はい」って。じゃ、もう終わりだと。親が決めちゃったんだから。

塩原：でも、知っていたから。

村山：見合いじゃない、知り合い結婚ですね（笑）。それでおやじが「どうだ？」というんで、「決めたんだろう？　あれでいいよ」って。「じゃ、三時の汽車で東京に帰るから」「駄目だ。これから向こうの家に行って挨拶だ」と。わあ、大変だなと。百姓家の、ブタの小便臭い家に挨拶に行きました。

塩原：農家なんですか。

村山：私のところも昔は農家でしたから、そんなのはあまり気にならないですけどね。それで帰ってきた。そうしたら今度、「日取りをいつにするか。見合いをしたのが六月ぐらい。これから夏になると、草取りが忙しいし八月はお盆が来るし、お祭りがあるから駄目。九月、一〇月は稲刈りで忙しい。一一月になると何とかの栽培で、一二月は冬で、一月は吹雪があって駄目。一年中結婚する日取りがないんですよ。じゃ、もういい。俺、汽車の時間があるから、お互いのじいさま同士で決めてくださいと言って東京に帰ってきました。そうしたら、八月のお盆と月末のお祭りの中間の八月二〇日に結婚式が決まったよと連絡がありました。「あぁ、そうですか、分かりました、お願いします」と。もういいかげんです、僕は（笑）。だから僕の結婚記念日は八月二〇日です。ついでに言うと、八月一九日は田舎ながら、ものすごく暑かったんです。親戚みんな前の日に来るでしょう？　みんなに酒注いで、ビール注いで歩くとガンガン文句言われる。「このくそ暑いのに」と。でも結婚式の当日八月二〇日は、寒いぐらいでした。

――それは何年ですか？

村山：昭和四六年（一九七一）ですね。

――ということは、セコムの頃ですよね。

村山：そうです、そうです。だから嫁もらってセコムやめたんです（笑）。

――会社をやめるとき、奥さんは何か？

村山：だから親戚中から非難の声をあびました。『ザ・ガードマン』という番組でせっかく名が知れてきた頃の日本警備保障を辞めたわけですから。

鵜飼：余談ですけど、セコムのときに、真ん中のドアから助手席乗せるところが白いドアで、両サイドが黒いような車の記憶ありませんか？

村山：もちろん。最初それです。

鵜飼：そうでしょう？あれ、うちが三台ほど最初につくったんですよ、真ん中白、両サイド黒にして。飯田社長が来て、「俺のところ同じやつにしたいんだけど、それやめてくれ」って言われて、三台乗り換えましたよ、私。だから警報器の会社というのは、同じような発想するんだなと思ってですね。

村山：結局パトカーのツートンカラーをまねしたんですね。

鵜飼：そういうことです。白を線に入れるんじゃ、パトカーに怒られちゃうわけでしょう？ じゃ、助手席と運転席のドアだけ白にして、あと黒にしておけば、パトカー怒らないだろうと思って、ドアを白にしたんですよ。そうしたら飯田社長も真ん中ドア白にして。後からやって「やめてくれ」っていうのはないだろうと思ったんだけど、「いいです。別にうちそんな、小さな田舎の警備会社だから」と言って、そんな縁があって、セコムと村山さんの縁は車でつながっているんだなと。

村山：今度はセキュリティーで一杯飲みましょう（笑）。

鵜飼：銀行のドアとか、金庫の扉開けとか、窓の開放は全部うちがやっていますから。

――その奥様が支えたわけですね？

村山：何も支えていませんよ。いいかげんで結婚して、名の知れたいい会社に勤めていたのにぽっとやめちゃって。ドアが開くとかあかないとかのとんでもない仕事の次は、老人のお世話や社会教育。何だかわからないうちに、給料が一三万ぐらいだったのが、四万円になると「ひとけた抜けていますけど…」「いや、抜けていない。それで生活するの」って言って。だから女房が嫁入りに持ってきた帯だの着物だのは全部質屋に入れて、もううちにはありません。そういう意味では「支えて」くれたのかもしれない。うちの女房は金には無頓着なんです。「この帯質屋に入れて飯が食えるなら、いいじゃん」と言って。着物はそんなに着ないからいいじゃんって。実に大らかというか、頓着しないんです。そういう意味ではいい女房ですよ。

——原発の頃もそうだった？

村山：原発の頃は、結構いい給料をもらっていたから、金ではそんなに不自由させなかったけれども、ただ、子育ては母子家庭ですよね。現場に行っていますから。月に一回か二回しか帰ってこないでしょう？　自分も働いて、子供を育てて、そういう意味では、よく支えてくれましたね、

——そこでそのオチが来るわけですか。

村山：そうそう。家訓とちがう、おかしいじゃんって。「話が違うじゃん」と言ったら、「あの子だけは別だ」と。親が決めたなら、きょうだい文句言わないからいいと。

鵜飼：看護婦さんって、そんなに上から目線じゃないですよね。

村山：うちの女房も上から目線じゃないけども、独断専行は多分にありますね。自分のやり

たいようにやります。でも、よくやってくれますよ。塩原さんは？

塩原：やはり創業のときよりは、私は日興証券時代の付き合いなものですから。

村山：社内結婚？

塩原：こんなことを言うとあれですけど、テニスが取り持った仲みたいに、私は半分、軟式テニスで日興証券に入ったようなものなんですね。他の人よりがつっと前に行くしかないから、運動部系でいい成績をおさめているのは拾ってもらえる。家内はテニスコートで女子のチームで、そういうことが結婚の入り口だったのです。だから、そういう時代があったなということはもちろん分かるんですけども、創業したときからずっと、私がどういうことで悩み、苦しみ、雌伏していたときに、やはり顔に出さないで、いつか自分で一本、独力でやるという、家内も当然わかっていたので、そのスタートしたときに、やはり電話番とか、手伝わせたことについて、口ごたえも何もしませんでした。それで、やはり私の性格で、昔から女の人と付き合ったり、今の社会なんかでもそうですけど、どうも変なところで、遺伝って人間にはあるんですね。人がいいとか、お金にどうだとか。そういうところはやはりあって、私の家内も、お父さんががんで長患いをしていたとか、結婚する前に弟さんを病気で亡くしたとか、結婚してから兄貴を亡くしたとかで、天涯孤独なわけです、ある意味では。お父さん亡くなって、お母さん亡くなって。身内愛の薄い人間のところに正直言って、そういうところで俺が変なことをしたらまずいだろうなという気持ちがあるわけです。庇護するという気持ちよりは、何かこうかばってあげたいような、それはだから自分がでたらめしちゃいけないなという気持ちはあります。創業時には手伝ってもらいましたが、それを今鼻にかけているつもりもないようです。旦那が独立したら手伝うというような気持ちが当然のようにあったんでしょう。そういう点では、ありがたいなと思っていますね。

塩原：一九九〇年前後にバブル時代というのがあったわけです。私はオイルショックの頃に用紙不足で大変な思いをしましたけども、バブル経済があって、それが崩壊して、私たちには影響がなかったのですが、世間の皆さんはそれで結構暴走しちゃったり、ドジったりしている人がいました。私たち三人はそういうことはなかったのですが、バブル経済のときに、ご自分の会社がそういう環境の中でどう感じていたかについてお話したいと思います。

若い読者の方に少し説明しますと、バブル景気とは、株式や不動産を中心にした資産の過度な高騰、経済拡大期間を指します。特に一九八〇年代後半には、テレビ等のマスメディアの必要以上に毎日繰り返された不動産価値の宣伝により、地価は異常な伸びを見せました。一説に当時の東京都の山手線内側の土地価格でアメリカ全土が買えるという算出結果となるほど日本の土地価格は高騰し、日経平均株価は平成元年（一九八九）一二月二九日の大納会には、史上最高値三万八九五七円四四銭を付けるなどし、資産価格のバブル化が起こっていた。このことを指して「バブル経済」と呼ばれました。

実体経済から乖離して資産価格が一時的に大幅に高騰し、その後急速に下落が起こる様子が、中身のない泡が膨れて弾ける様子に似て見えることからこのように呼称されました。もともと「バブル」は「泡」を意味する語なので、泡沫景気《ほうまつけいき》と呼ばれることもあり一九九〇年代初期からは、「平成景気」と呼ばれました。

この天井知らずの不動産と株の価格が実体経済と大きくかけ離れていることを懸念して、日銀は金融引き締め策を相次いで敢行しました。

その結果、投機目的で多額の資金を借りていた企業が軒並み潰れ、踏み倒された数々の不良債権によって多くの銀行の経営も悪化しました。当然のごとくボーナスの減少やリストラなどが起こり、国内の消費も一気に冷え込むようになりバブルの崩壊となりました。

本来は、過熱した資産価格の高騰を抑える目的で行った日銀の締め付け政策のはずが、予想をはるかに超えた急激な景気後退をもたらす結果となり、これがバブル崩壊に繋がりました。そして、その後は現在まで続く、「失われた二〇年」という長い経済停滞の時代に入りました。

――「バブル」「最大のピンチ」「その克服」などについて、お話しください。

塩原：そうですね。それらは話がつながりますよね。

――では、バブルの話から。

鵜飼：バブルの頃の自分の思い出ですが、私は、非常に景気のいいときに苦い経験をいっぱいしています。実例で言いますと、実家は、石炭工場でもうかって、もう御殿だなんて言われていい思いをした家に住んで左うちわだったのですが、それが倒産して、畳まで三角に上げられて追い出されるなんていうみじめな人生を送りました。好況のときに調子に乗った放漫経営というのは、大きな頂点があれば、すぐその次は谷底があります。小さい頃から慎まなきゃいけないということです。そんな経験から、私の経営の信念である、経営とは常に慎重でなければいけないという堅実経営の基本が、骨の髄までしみつけられたのです。その結果バブルの時期もしっかり慎み、一切拡大経営はしないという方針を貫きました。バブルの時期、銀行さんは、「少しぐらい金があるんだから、どんどん融資するから、土地を買って、ビルを買ったり、多角経営しなさいよ。おたくの経営の能力だったらボンボン行きますよ」といわれ続けましたが、一切手を出さないで、超々堅実経営に徹しました。だから一度もビルを買ったり建てたり、投資とか投機というのは、国債さえも投機だと思っていますから、一枚も買ったことがありません。国に怒られちゃいますけど（笑）。国の国債であっても博打だと思っています。こう言ったら国に悪いんだけど。

村山：いや、そのとおりですよ。

塩原：別に悪くないですよ。

村山：本当は悪いことだけど、世界中がやっているんだからしようがないです。

鵜飼：だから、それは慎むということをやっております。バブルの思いとは、そういう思いで、真逆のことを考えていました。

――小さい頃の経験というのは昭和六〇年代ですね。

鵜飼：そうですね。小さい頃から、「調子に乗ると地獄がある」ということがわかっています。

――ずっと堅実経営をなさっていたおかげで、バブルの頃も、その後も、大きなピンチとか危ういということはなかったんですね？

鵜飼：ないといえばない。探せと言われれば、昭和測器という社名なんですが、「昭和計装」という製造会社があったんです。うちは販売会社なんですよ。昭和計装の製造部がバブルのときに車を三台も乗って、別荘地を買ってということをやって、放漫経営で。製造と販売と独立採算制で別々の会社ですから、向こうは向こうでやって、こっちはこっちで販売会社。資本の交流も何もない、関係ないんですけれども、そっちがバブルで倒産してしまったんです。うちは売るだけの会社ですから、売るものがなくなっちゃった。ここで辛い思いをしました。倒産したときの債権者会議というのがあるんですが、うちは販売会社だから無関係だよとはいえ、兄弟会社みたいなものだから、債権者会議に出て、とにかく借金に関しては、全部というわけにはいかないだろうけれども、二割までは見て、少しずつ返してくれよといわれました。その代わり、私のところで販売するに当たって、少しずつ協力してもらえないかとか、注文するから作って供給してくれないかというお願いをしたんです。でないと、物が売れなくなっちゃうので、倒産した下請けさんに対して、これを何とかお願いして、なだめて、供給してもらわなければという手を打ったわけです。

――下請け会社に供給してもらったということですか？

鵜飼：そういうことです。製造部門の下請け会社が何社かあるわけですよね。

――そこは債権者なわけですね。

鵜飼：だから債権者だからなかなか辛い会社ですよ。倒産した会社の兄弟会社をまた救うのかって。とんでもない話で。

――でも、債権者としても、物を売りたいですよね。

鵜飼：売りたいし、それによって少しでも返してもらえるということがありますから。親戚の販売会社から借金を返してもらえるわ、物は買ってくれるわけなので、まあいいよ、二割ぐらいでも許してやるよという。

村山：いい話だね、それは。

鵜飼：向こうからすればいいでしょう？　うちもものすごく助かりますし。

——借金棒引きになるよりいいですよね。

鵜飼：これがバブルを乗り越えるときの九死に一生を得た話ですね。そうしたらみんな、八割捨てるけれども、次また儲けさせてくれるんだったら作って売るよと言ってくれたから、うちは作ってもらえれば、また事業が展開できるわけです。

——ゼロよりは二割でもということですね。

鵜飼：そうですよ。向こうも儲かるわけでしょう？　次から次に売っていけば、利益が出るわけだから。両方とも助かる話じゃないですか？　ということで、話しをつけました。

村山：三方一両損ですね。

鵜飼：そういう言葉ありますね。そういうことですね。

――バブルからピンチ克服ということで、何か痛感したことはありますか？

鵜飼：やっぱりそのときに、誠心誠意、今まで迷惑かけたところだけれども、こちらが頭を下げて謝って、尽くして、何とかするからという誠意を見せれば、お互いに意は通ずるんだということを、そこで感じました。両方とも、その方がいい話ですよね、倒産でつぶれて、そのまま逃げられておしまいよりは。

――ゼロ円よりはいいですね。

鵜飼：また同じものを作って、どれだけ儲けられるかわからないけど、少しでも儲けていかれるわけですからね。

――製品の出来はよかったんですね？

鵜飼：そうですね。物自身はすごく、よかったですよ。

――放漫経営して、バブルに乗っかって不動産をいろいろやっていたら、

鵜飼：つぶれちゃったですね。

――村山さん。

村山：僕はバブルは、自分でもいい思いしましたし、社員、職人さんにもいい思いをさせました。それはどういうことかというと、まだ原発仕事の頃からですかね。現場でかなりの金をくれるわけですよ、東芝さんが。だけどそれを、社長だけに儲けさせるのではなく、現場で汗まみれになって働く人に還元させたいと考えました。労務管理担当ですから、みんなの、部屋のテレビのリース代を会社で負担してあげるよとか、二部屋に一つずつ冷蔵庫を置いていいよということで、現場の人たちに還元するために、僕はものすごく働きました。会社の寮に約五〇〇人入っていました。山口とか九州・小倉とか、そういうところから来た人は、半年に一回しかうちへ帰れないわけですよ。そうすると、やっぱり欲求不満で、酒を飲んで、博打をして、けんかをして、街の人たちに迷惑をかける。そういうのをずっと見ていて、どうしたらいいのか考えました。ガス抜きって、大事です。

――バブルの頃というのは、労務管理の時代ですね？

村山：そうです。その後独立した頃もまだバブル残っていましたよ、今なら。一五万円ぐらいしかもらえない仕事が、四五万から五〇万円もらえました。だってその仕事をできる人がいない。ちょっと特殊な仕事なんです。それはなぜかというと、うちは水のことが分かって、電気が分かって、そしてエレベーターが分かる。三拍子そろっていたわけですね。ほかに一社で全部できる業者はいなかったんです。バブルの頃ですから、お客さんも金がいっぱいあるわけです。どんどん使いたい。そしてきれいにしてくれればいい。私とうちの社員二人ぐらいが行くと、三日ぐらいかかる仕事が、一日で全部終わっちゃうわけですね。

——それは山根電設の前身の？

村山：初期の頃ですね。難しい仕事を「どうすればできるか」と考えるのが好きなんです。人がやらないことをやっていれば、絶対に飯は食える。人が嫌がることをやっていれば飯が食える。いまだにこの考え方は続いています。だからバブルのときは、本当においしい思いをしましたし、お客様にも還元しました。毎晩のように歌舞伎町です。

村山：で、バブルがはじけた後はどうか。これ本当にしゅんとしちゃった、日本中が。でも、うちはどうしたらできるか考える特殊技術があったから、大したことはありませんでした。社員に、「人が一〇分でやるならば五分でやる技術を磨け」と。それをやっていたために、バブルがはじけても、仕事がなくなることはなかったですね。

――正業でうまくいったために、バブルがはじけても影響がなかったと。

村山：鵜飼さんと一緒。僕は余計なことに手出ししませんでした。株を買おうかと思ったら、義理の兄でもある税理士から「株を買ってもいいよ。土地を買って転がしてもいいよ。だけど、絶対会社の金でやるな。その分社長が給料をたくさんとって、税金もたくさん払って、残った金でやるならいい。会社の金では絶対やるな」と言われました。自分の金で株も買ってみました。株ってどんなものだろう？　どうやればもうかるんだ？結局全部損ですけどね。でも、新聞も読むようになったし、それだけでプラスかなと。

――でも、ちょっと儲かっている会社だと、銀行が来て、借りてください、借りてくださいと。

村山：それは随分言われました。だけど僕は設備投資って、もう全部いいのそろえたら、三年五年もつし、車は毎月換えるものではないし、余計なことはしませんでした、本業以外。

――では、ピンチらしいピンチは。

村山：バブルでのピンチはないです。その後すごいピンチがあるんですけど。

――そのピンチというのは？

村山：もうこの会社、将来そいつにくれてやろうかと思うぐらいに優秀な青年がいたんです。ものすごくよく働くし、頭はいいし、勉強するし。「これ明日までに調べておけ」と言ったら、寝ないで調べるぐらい優秀なやつでした。会社の実印を預けることもありました。その青年が、実に巧みに詐欺、横領をしていましてね。それをきちんと帳面を見て僕がチェックすればいいのに、していなかった。だから代表取締役という名前、僕は大嫌いなんです。税務署に言われました。「あなたが代表取締役でしょう？　何を取り締まっていたんですか？」って。僕は何もしていませんでした。代表社員ではダメですかと言うと「そうはいかない」と言われました（笑）。

——その優秀な青年に裏切られたわけですか。

村山：一〇万円のテレビのモニターを一〇〇台納めなきゃいけないという時、五〇万円のものを仕入れた「ことにしている」んですね。実際は一〇万円のものを納めている。その差額を彼が全部着服して。

——それ気が付かないものですか？

村山：「これ勘定おかしいよ」っていうと、「先にまとめて仕入れると安くしてくれるというので、先に仕入れておきました」とかね。「現物どこにあるの？　倉庫に入っていない」、すると「材料屋さんに今預けてあります」と。普段が几帳面な男だし、僕も信用したんです。

――それはバブルの後？　何年頃ですか？

村山：後ですね。

――平成に入ってからですね。

村山：ですね。バブルはじけたずっと後の、僕の最大のピンチはそれです。

――二〇年ぐらい前ですか？

村山：そこまではいかないかな。二〇〇〇年前後ですね。だからセコムの、飯田亮さんに言われたことを身に染みて感じました。人は信用しなきゃ駄目だ。一〇〇％信用しろ。だけど一〇〇％管理しなきゃ駄目だよと。飯田さんはもっと厳しく言いました。「一〇〇％信用して、一〇〇％疑え」。信用してもいいけど、信頼はするなと言われました。これを若いとき聞いていながら実践できない僕は、だから代表取締役の資格がないんです、本当は。だから、この本を若い人たちが読んで、俺も起業しようか、何かやろうかというときは、この言葉は伝授しておきたいです。「信用はしなさい、信頼はするな」。頼ってはいけない。やっぱり自分の足で歩けということですね。

――なるほど。信用と信頼は違うと。

村山：全く違う。だから銀行でもそうでしょう？　バブルの頃、口車に乗ってハイハイって銀行を信用して必要以上に借りると、銀行はさっと足かっさらって、「貸しはがし」なんてやっていたでしょう？

――早かったですよね、銀行が手を引くのは。

村山：だから僕は今、銀行でも誰でも、信用するけど、信頼はしない。

――銀行はずるいというイメージが定着しましたね（笑）。

村山：銀行がずるいんじゃないんですよ。ずるいと言うなら総理大臣以下皆んながずるいんです。だって今度の年金問題なんかでも、正にみんなが知らないところで、六百五十何億円もくすねているでしょう？　国を挙げてずるいんです。そのずるい政治家を選んだのは私達なんです。だから、最大のピンチというのは、僕の場合はそれです。その後の約一〇〇〇日間、これは自分を見直す時期と思って一切の整理期間にしました。まずは精神的な整理、それから経済的な整理、それから家族的な整理、社員の整理、お客さんの整理。今考えてみると、そんなに幹が太くないのに、ぱっと枝葉を広げて、あまり重たくて、代表取締役が取り締まっていなかった。だから枝をみんな切り落として、今、ちょっと二本か三本だけ残して整理しました。整理収納アドバイザーという資格も取りました。

――そういう資格があるんですか。

村山：主に家の中を片付けなさいということを言っているんですが、僕は逆に、この人たちの言っていることを会社にあてはめたらどうか、企業はどうか、世の中はどうかということで考えながらずっと聞いていて、だから僕が書いた答案用紙は、きっと協会の人はあまり気に入っていなかったと思います。

――では、塩原さん、お願いします。

塩原：バブル経済は、ほとんど私は、一つもいいことはなかったと思っています。悪いことというのは、逆に社員の気持ちが浮ついているというか、例えば仕事でも、私なんかがいろいろ苦心して仕事をとって、お客さんから信頼されて仕事をして来たわけですが、バブルのときは昨日今日学校を出て、一年もして、「大した能力ないな」と思いつつ、入れてみたような社員でも、長年関係を築いてきたお客さんのところにいくと、結構まともな仕事がもらえたんですね。それが私は会社としての、社会のバブルで、いいとか悪いとかじゃなくて、こういうことだったんだなと今では思っています。私が不動産を購入した頃というのは、創業して六年ぐらいで、事業も軌道にのり、事業所も拡大してたこ足配線みたいになって来ました。近くの貸ビルのフロアーを賃貸している間に、それも間に合わなくて拡大して来たために、一か所にまとまらないと経済効率も悪くなりました。例えば現場、印刷機が回っているような会社も買ってくださいといわれたこともあり、それを買いましょうといって、そこで現場の仕事させたりしていたこともあります。賞与を持っていくのに、その頃自動車で行ったりタクシーで行ったりしていたので、それは会社が相当もうかっている証拠とかいわれ、どこか一か所に集まらなくちゃいけないと考えていた折に、たまたま事務所の近くに、本当に汚くて、最後は国の登録文化財になったビルがありました。そこを銀行に話しして、創業して六年か七年か、三二、三歳で一億円のビルを買ったんです。それは投資とか投機でなく、実務的な考えでした。ですから、不動産を転売するとか何かするための不動産ではなく、事業を充実させて、より効率的にするためにやったんですが、それはいろんな後日談があるんですね。鵜飼さんを尊敬しているのは、そういうことに対して、固定資産を持たなかったこと。その考えについては、それはもう悔いているというか、先生がいたんです。私は、事業所一か所にしないと、四か所も五か所も連絡するのに直接電話でやっているわけですね。将来のことを考えたら、ビルの購入になったわけです。

――それはバブルのもっと前ですよね？

塩原：もちろん。昭和五〇年代ですね。バブル自体が、証券会社にいたにもかかわらず、そういう世界を多少経験しているというんでしょうかね。神田支店に配属され初めての営業活動をしたわけですが、お客がいないから、飛び込みセールスしていて、パンフレットをカバンに詰めて軒並みの飛び込み営業をやっていました。また、上司の株取引でのお客さん、その頃はまだ今みたいに厳しくなかったんでしょうけど、ノルマ達成のため思惑でみんな株取引をやるわけですね、上がりますよと言って株を買ってもらい、上がらないと、損切りで売りをすすめる、当然のように。そうするとそれがお客さんの損失になるわけですね。それを私たちみたいな新入社員が毎月決められた日に代理で集金に行くわけです。そうすると、「お前のところの何とかという上司は俺をだましたんだ」と言って、そのたびに愚痴を聞くんですね（笑）。毎月に払って頂くお金を集金させていただいて、ですからそういう賭け事とか、そういう世界というのはものすごく嫌だなと思っていました。うちの親父も全くそういう世界を知らない。碁も将棋も麻雀も競馬も何もできなかった。仕事ばかみたいで。それで私のバブル経済も乗り切ったわけです。

一番最大のピンチというのは、二〇〇八年のリーマンショックにありました。

そのときに、私なんかはもう本業だった企画、印刷、広告という事業についても、先行きに対する興味も薄れてきてました。あるとき、イタリアのミラノで世界印刷機材展というのがあったんで、ヨーロッパ旅行中なのですが、私は真面目の上にばかが付くぐらい一所懸命勉強しまくりました。せっかくミラノまで来たんだから、一所懸命やって、みんながどこかツアー行ったりしている間にも居残ったりしていました。そこでイスラエルのコーナーがあって、サイペックス（Sipex）という会社があって、コンピューターで製版するというデモをやっていました。写真のバックを消すとか背景を消すなんていうのは、あっという間に消してしまうのを目のあたりにしました。これは大変な時代が来たものだなと思いました。今まではそれは専門会社の職人が全部手でベテランの勘と経験でやっているわけですよね。そういうことを考えたら、もう自分の能力の及ぶ世界じゃないなと。ですから、本来の仕事は幹部の皆に残していって、自分は違う世界をやりたいということで、いろいろ模索をしていたんです。それがかえってとがめになったのでしょうけども、ちょっと話せば長いんですが、結論から言うと、さっきの村山さんの話ですが、信用しても信頼しないという話になります。同じことなんです。今から一〇年程前に共同事業で不動産の事業をしていたときに、うちがファンドを提供して、業務提携先がノウハウを提供するというジョイントベンチャーをやっていました。あるとき、相手先の社長があまり自分のところの税理顧問を褒めるので、人間的に興味もあったので一度会わせてくださいと言いまして、四谷三丁目の飲食店で会ったんです。そしたらそこに税理士と社長がいて、深刻な顔をしているんです。二人ともそれぞれ「あんたから言いなさい」みたいなことを言っていました。彼との共同事業はそれまで約四年間ぐらい続いており、私どもがファンドを出して先方がノウハウを提供してうまくいっていたと思ったんです。そうしたら、最終的にリーマンショックがあって、そのときに横文字の新興不動産会社がバタバタつぶれたんですが、その中に彼らもいたんです。結局手を挙げちゃいました。私たちが投下していた資金が全部そこでパッと消滅してしまいました。今まではうまくやっていたつもりだったんでしょうけど、一つ一つチェックすれば、危険だと予兆があったかもしれない。結果として彼の会社は倒産、個人も自己破産をしたわけです。そういうことによって、大きな会社でない当社は、やはりかなり大きな痛手となりました。そのあとどうしたかというと、基本的にはいろいろ銀行交渉でリスケをお願いしたりしたけれども、最終的に持っている不動産を全部売って、もう売却価格は相場もへったくれもなくて、それで返しました。先方はリーマンショック前までにすでに傷んでいたのが、隠し隠し処分してきたんでしょうけど、隠し切れなくなって、ボンと出てきたわけです。

——その負債は全部社長のところに来たんですか？

塩原：彼とのジョイントについては、うちがしょったわけですね。

創業以来、自己資本の蓄積を厚くして来て、所有不動産もかなりありましたので、これらを売却して先ず銀行借入金の返済を最優先に考えて、日夜奮闘しました。

当然ですが事業経営者の常で、法人借入金の連帯保証人としての債務も全うするために、個人所有で唯一の財産であるマンション一棟も売却して、全て返済が終わったのが平成二七年（二〇一五）一二月のクリスマスイブだったことを今でも印象深く覚えています。

ですからこの一〇年程のビル事業においては、ともかく借金を返すための売却をスムーズに行うために、第三者への賃貸をせず、家賃収入の全くない状態での事業経営は本当に厳しいものだったのです。それは私の知恵として、いざ売却のときに入居先とのトラブルと立退料などの多大な費用の発生を避けるための処置でした。

後日談ですが彼は銀行を相当泣かせているわけで、私の五倍も一〇倍も借金づけだったのでした。なぜそれが分かったかというと、彼に私が弁護士を紹介してあげて、会社の破産と個人の破産をお手伝いしたわけです。その後のことは僕も人がいいところがあるんですけど、彼がバックアップをしてほしいというので、相変わらずそれぞれで、さっき鵜飼さんが言ったように、バックアップすることによって借財を返してもらうという気持ちでやったんです。しかし上手くいかなくて、最終的に天罰が下っていたんでしょうね。たばこを随分吸う人だったので食道ガンで入退院をくりかえしました。奥さんが韓国の方なんですけども――韓国が近いのでそうしたのでしょうか――九州へ逃げちゃったんですよ。

――ご夫婦で？

塩原：そうです。本人は返し切れないと思ったんですよね。返せる金額じゃないですもん。一億円以上ですから。そういうことがあって、私にとってこれまでの最大のピンチだなと思いました。でも、ここで四の五の言ってもしようがない。私も一つずつ年齢を重ねていくわけですし、どうすればいいかということは、もう答えは一つしかないんです。銀行借入を返すということです。事業の方は沢山のタネを蒔いて来て、これから勝機は十分あるないにかかわらず、とにかく所有不動産の処分をやるしかないと。

——不動産全部売って、銀行に。

塩原：そうです、全て法人も個人もです。個人は会社の借入の連帯保証人をしていますから。私が今落ち着いて若い方々に対して、そういう経営のリスクと銀行借入金について正しい認識をもつようにと話をしてあげられるのも、こうした経験のおかげです。村山さんも鵜飼さんもそれぞれ若者に対するメッセージがあるのと同じです。

——リーマンショックの後ということは、そんなに昔ではないです、つい最近ですよね。

塩原：九年前ですね。それから全部処理を終えたのが平成二七年（二〇一五）のクリスマスイブの日だったです。この安堵感が自分へのクリスマスプレゼントでした。最近ですよ。だからそういうことを含めて、やっぱり失敗はつきものだから。さきほどの「信用しても信頼しない」というの、いたく至言だなと思います。

——何か気付いたことというのはありますか？

塩原：人にはそれぞれ背負った荷物はあるわけですけども、しかし今私自身に仮に財産がかなりあったとしても、結局また相続税の問題で悩むことは同じなんだと考えを切り替えました。相続税の前払いをしたんだと思えば、これは今ハッピーだと。家内も泣き言言わないし、家内は家内、私は私の考え方。だから今は会社も個人も借金はありません。

村山：借金がないというのは立派だね。僕のところには、あるとき材料屋さんから全部請求が来たんですよ。私は代表取締役ですから、逃げるわけにはいかない。でも、ちょうどそのときに、『借りたカネは返すな！』という本が出たんです。

――ありましたね、ベストセラー。

村山：それを全部読んで、「なるほど、こういう手があるか」と。でも、これは俺のやることじゃない。社員が悪さした金で、僕が悪さしたんじゃないけれど、代表取締役として責任はとるしかない。僕は材料屋さんに全部払いました、銀行から借金して。銀行は詳しく話を聞きたかったようですが、「貸すか貸さないか、それだけ。できたら貸してね」と（笑）。今までの付き合いがあるから、銀行さんは実行してくれました。さっき塩原さんが言っていた「リスケ」なんて言葉知らなかったんですよ。真面目に経済学部の授業受けていれば、それぐらいの言葉分かったはずなんだけど。

――最近の言葉ですよね。

村山：だけどあのとき、国が、「どんどん金貸してあげなさいよ、猶予してあげなさいよ、二年間」と言っていたんですよ。僕の考え方だと元本は減らないけど返済期間を二年間延ばすだけで、その間利息は払うんだから銀行は儲かるからいいじゃないかと。そういう気持ちでいたら銀行の評価としては、「リスケをした会社」ってブラックリストに入るんですね。だからその後はまともに金を貸してくれないんです。こういうことは、これから起業する若い人は知ってて欲しい。国の言うこと、偉い人の言うことでもそのままうのみにしたら駄目です。全部、代表取締役が丹念に自分で判断しないと。国なんか「信頼」したら駄目です。まさに最大のピンチというのは金でした。材料屋さんには全部払いました。一円も値引いてくれと言いませんでした。まだたっぷり借金がありますから、僕はあと十二、三年は現役で仕事をするしかありません。ものすごく忙しいんです。すみません。儲かる仕事があったら回してください。

——伺っていると、借金があっても、財産を失っても、あまりへこたれていないですよね、全然。

村山：内心ものすごくへこたれて、自殺しようと思うぐらいになったと思います。だけど、一回しかない人生でしょう？　死んだら終わりじゃないですか。よし、この借金地獄をどう楽しんでやろうかと、そう切り替えるしかなかっただけです。

――前向きですね。

村山：だからみんなが年金生活に入って、今日もゴルフ、明日は旅行だって楽しんでいるのに、僕は一所懸命借金返すために働くわけです。みんな八〇とか九〇で死ぬけど、俺はあと五〇年は生きようと思っています。

――五〇年ですか？

村山：そうです。たった五〇年です。葛飾北斎は人生三五年、四〇年といった時代に、八九歳一〇カ月ぐらいまで生きたんですよ。人の約三倍生きているわけです。今、平均寿命八〇歳ですから、二倍としたって一六〇歳でしょう。だからこの間、聖路加の日野原（重明）さん、一〇五歳という「若さ」で死んじゃったんですね。

鵜飼：そうですね、若かったですね（笑）。

村山：そういうふうに考えていくと…。

――まだまだですね。

村山：だから借金返すまでは死ねない、それだけです。

塩原：次に人生の師匠の話をして、あと若者への応援メッセージにつなげたいと思います。今までの話の中でもたくさん出てきましたけどね。また改めて、「自分の師を語る」ということで終わりたいと思います。

――では、お願いします。

鵜飼：私は何といっても、安岡正篤《まさひろ》先生という人がいまして、これはご存じかとは思いますが、陽明学、東洋思想の研究者であるんですけども、私が勤務していた会社が応援のためのお手伝いということでやらせていただいて、そこでいろいろとお付き合いを頂き、お付き合いというか、お世話するという。先生は、雲の上の人ですから、お手伝いをするという点で、少しずつ親しくお話をできることになりましたので、先生の教えを頂いたり、講演で話を聞いて、そのときに自分の考え方がガラッと変わったかなということを教えられたとも思っています。

それまでは、長い人生すべてが、人生は人に打ち勝って、お金を儲けることが幸せの近道だという理論でした。実家がそういうことで、お金に苦しんで倒産したということもありましたから。人を踏んづけて、とまでは言いませんが、金を儲けていくということが、人生の幸せの近道だというふうに、それまでは考えてはいたんですけども、それがまるで違うんだという。真逆というんですかね。安岡先生のお話を聞くことで、その逆こそ幸せが来るんだと。本当の幸せというのは、お金の幸せではなくて、自分の心の幸せ、物の幸せよりは、心の豊かさというのが本当の幸せに通じるんだよと。だから、「そっちの幸せ」というのがあるんだなという気付きがありました。私は楽屋裏で安岡先生の講演を聞くという、裏方の立場ではあったけれど、楽屋裏で聞こうが、表で聞こうが、中身は一緒ですからね、結局。それが自分の支えというか、自分に対してすごくありがたいお言葉につながったかなと今でも感謝しています。

――仕事も結局、儲ければいいというものではないということですね。

鵜飼：そういうことです。幸せとはお金を儲けることだと思っていたんですけども、幸せというのは、お金じゃないんだなというところが、本当に、心の豊かさというんですかね。物の豊かさより心の豊かさということを求めるべきだと。でも、心の豊かさって何だろうと思ったら、やっぱり先ほど村山さんもおっしゃったように、人から信用されたり、助け合ったり、愛されたり。私から言ったら、その三つが幸せの基本になるのかなというふうに、自分では今でも思っていますので、幸せの原点というか、目標ベースになるのかなと。「愛し合う」というのは、社員との間もあるし、夫婦間もあるだろうし、「助け合う」というのも、職場でのお付き合いもあり、友人でもあると。そういうのをまた社会では信用し合えるという。一般の方に対しても、社会貢献も含めて「信用し合う」というふうに思っていまして、その三つの「あい」を目標に、幸せがあるなと思っています。

村山：私の場合は、後藤静香《せいこう》という名前を挙げているんですけども、後藤静香という人は、非常に大社会運動家だったんです。玉川学園の創立者（小原國芳氏）だとか、それから千葉・柏の麗澤大学の創立者・廣池千九郎さん。あの人たちと大体同年代の人で、日本の社会を良くしていこうよという大運動を起こした、その先駆者が後藤静香なんですね。私の父なんかも若いときに、この人の考え方に傾倒して、村じゅう触れ歩く、仕事以外の仕事をしたということ。私の兄もそれに関係していた。私は子供のときに、父の書棚でこの後藤静香の本を読んだことがあるんですよ。大事にしていた革表紙の本で、当時は全部ルビが振ってありましたから、小学生でも読めました。何か偉そうなことを書いてある本だなあと。だけど、父の大事な本を盗み見たという引け目があって、そっと戻しておいた。ところが十八、九ぐらいのときに、兄の書棚に同じ本が二〇冊ぐらいあって、読んだら中身が一緒なんです。これは一冊買いたいと兄に言うと「読みたいならあげる」と言ってくれました。読んだら、これがすごいことがいっぱい書いてある。今でも出版されています。恐らくその昭和七、八年から出版されて、累計すると何百万部も売れているんだと思いますね。一切宣伝していませんけども、毎年五〇〇部、一〇〇〇部ぐらい出ているんじゃないですかね。もっと出ているかもしれません。だから僕は、後藤静香という人に一回も会っていないんですけれども、その書物から学びました。それと、その後藤静香の愛弟子たちが日本中にまだいっぱい生きていたんですよ。その人たちを片っ端から訪ねて歩いて、直接教わったものは、ものすごいものがありますね。本当は物を書いている時間があれば、その辺を書いてみたいと思いますけれども、すごい人が沢山いますよ。松下幸之助さんが一番目をつけたのが丹羽正治という人で松下電工の初代社長です。この丹羽正治さんという人も、後藤静香の言うことを大事にされていました。そういう丹羽正治さんに、年二回、食事をともにする時間をもたせてもらいました。ものすごく幸せでした。そんな人がいっぱいその頃いました、日本中に。後藤静香から学んだ、感銘する言葉がいっぱいあるんですけれども、一つは「あなたは何しにこの世に生まれてきたんですか？」。これみんな分かっていないんですよ。だから、これから起業するような若者も、何のために生まれてきたんだろう、まずこれ考えてほしいんですね。いつの世にも欠陥があり、その中で自分ができることで奉仕していけばいい。もしやりたいけどできなかったら、それはお前の力がないんだ。簡単だ。力つけなさいよ、勉強しなさいよ。これが後藤静香の本に書いてあります。非常に厳しいですよね。「東大に入りたいの？入れば？勉強すれば？」って、それだけの話なんです。「いつやるの？　今でしょ」って、あれ（林修氏）と一緒ですよ（笑）。

「ハチドリのひとしずく」という詩にも後藤静香と同じようなことを言っています。

【参　考】

『ハチドリのひとしずく』
森が燃えていました
森の生きものたちはわれ先にと逃げていきました
でもクリキンディという名のハチドリだけはいったりきたり
くちばしで水のしずくを一滴ずつ運んでは火の上に落としていきます
動物たちがそれを見て「そんなことをしていったい何になるんだ」といって笑います
クリキンディはこう答えました
「私は、私にできることをしているだけ」

村山：この詩が僕はものすごく好きです。僕はあと五〇年ぐらい生きる予定ですけど、一滴ぐらいは水を落としてみたいなと思っているんです。

――いい話ですね。

塩原：私の人生の師は、松下幸之助、本田宗一郎です。面接とか接点があるわけではありませんが、本をたくさん読ませていただきました。その感じ方というものを、自分の一つの経営の指針にしてきたということが、偽らざる事実です。

さらにもっと強く感じたことは高校時代に山崎豊子の初めて出した『暖簾』という小説が、私にどういう影響を与えたかということがあります。仕事――商いですね。大阪の昆布問屋の娘さんが山崎豊子だったもので。「吾平」が丁稚奉公から最後大店の主になるまで、そして息子（次男）がそれを継いでいくという、非常に地味な話なんですけども、私がそこで勉強してきたのは、やはり我慢だと。一つは我慢、忍耐だということなんですね。それと、昔ですから、古い話で笑われるかもしれませんけど、やはり身を粉《こ》にして働くというようなことがあります。それと質素倹約ですね。そういう精神がこの『暖簾』という本に凝縮されていたものですから、私はやはり仕事をするにしても、スケールが多少大きくなって、事業と称するにしても、現実は非常に厳しいものなんだなということを、こういう本を読ませていただいて感じていました。

　松下幸之助という方を尊敬して、著作とかいろいろ読みましたが、彼が単なる事業家で終わったのではなくて、ＰＨＰ運動をやってみたり、いろいろそういう社会事業にお金を投じたりも含めて、やはり人間というのも、仕事していく上に、志を持ったときに、自分の利を図るということだけでなくて、他の利ですね。人をやはり含めて社会を明るくするという。鵜飼さんの好きな言葉、「一燈照隅《いっとうしょうぐう》」ということです。そういう世界は当然やはり見つめていかなきゃいけないなということを考えましたので、私は直接な謦咳に接して勉強したことはないけれども、こういう身近な手に入る情報の中で自分を律して師としてきたということであります。

――では、最後に、若者への応援メッセージ。何か一言でも。皆さんで「経営とは何か」ということをざっくばらんに。

鵜飼：若者への言葉として、やはり今の時代、昔も今も変わらないかもわからないんですけども、つくづく長い人生、七八歳まで生きて感じるのは、幸せを求めるのは、お金儲けだというふうに若いころは徹底的に思った。しかしお金を儲けることだけが幸せになるかというのは、ちょっと違うかなと。お金儲けというのは、自分をどんどん不幸にする。欲が欲を踏んで地獄へ落ちる。金儲けというのは地獄への一歩だと、思い過ぎかもわからないですけど、どんどん思うと、欲が膨らんで、貪欲になって地獄へ落ちていく。だから、お金だけが幸せじゃないということを若者にちょっと言って、じゃ、何をやったらいいのか。やっぱり今、村山さんがおっしゃったように、幸せとは、お互いが金ではなくて、居心地のいい空間をつくる。すなわち「助け合う」、そして「愛し合う」、「信用し合う」。この三つの「あい」をはぐくむことが、人生の本当の幸せ。金儲けじゃないんだよと。この三つは、やはりどこかで立ち止まって思い出してもらうと、こっちの方が幸せなんじゃないかなと思えるんじゃないかなと、つくづくこの八〇近くになって思えるようになりました。

それと、どうしても人間には毒があるんですね。三つの毒を持っていると言いますよね。この毒というのは、誰しも、もちろん私もたくさん持っています。この三つの毒というのは、まず人に対して怒る、ばかにする。あとは、何かにつけて愚痴る。そして最後は腹の中に隠されている貪欲。この三つの毒だけは、永遠に眠らせる努力をする必要があるんじゃないかと思います。この毒だけは、私は冬眠してくれるように祈っています。

【参　考】三毒＝仏教で善根を害する三つの心の動き。貪欲《とんよく》・瞋恚《しんに》（怒り）・愚痴《ぐち》。

村山：素晴らしい。

鵜飼：とんでもないです。若い者へのメッセージですね。

――お願いします。

村山：「自分にできることを精いっぱいやりなさい」、これだけです。それから、起業はどんどんした方がいい。起業して、どんどん失敗しなさい。ただし、同じ失敗を二度しないように。失敗は幾らやってもいいと思いますよ。山中伸弥教授が「じゃまなか教授」って言われるような外科医だったけど、ｉＰＳ細胞を見付けてノーベル賞（二〇一二年生理学・医学賞）をもらいました。彼も失敗して、失敗して、失敗して、それでもめげないで続けていた。あれは偉いなあと思います。今年なんかは売り手市場で願書さえ出せば採用してもらえる時代です。こういう学生が採用されても企業はいつまでも使いません。三年過ぎたら淘汰されますよ。勉強していない、研究していないやつはもう切っていきます。目に見えています。だから、自分がやりたいことを、自分で努力して勉強して、起業すればいいんです。そして失敗すればいいんです。ただし、同じ失敗を二度しないようにと。これだけですね。

やっぱり自分にできることを精いっぱいやって、もっとやりたいことがあったら、勉強してやればいいんですよ、みんなが。給料を余計に欲しいとか、階級が上りたいとかは、実にくだらないことなんです。でも、若いときはそうは思わない。(鵜飼さんに対して)安岡正篤さんにをバックボーンにした「到知」という月刊誌を六年間くらい愛読していますよ。

鵜飼：私は本当にうれしい先生を頂いたと思っています。

――では、最後に。

塩原：若者へのメッセージということで、ここで若者という対象は、起業を志している人のことです。何とか自分の気持ちを表現したいということで、独立したり、起業とかしている人たちを対象としているわけです。いずれにしましても、さっき私は山崎豊子さんの『暖簾』の中で、主人公の生きている考え方があって、まず商いでも、事業としても、厳しい現実ということを、やはり私たちはこの時間で多少ともお伝えしたかったんですね。起業もこれに続く事業も生半可な気持ちではできませんよというようなこと。失敗しないと分からないことは数多くあるという現実も、十分理解して欲しいと思っているんです。

やはり起業する心構えというようなことを考えているんですけども、四〇年の歴史のある倒産一一〇番、八起会《やおきかい》というのがありまして、その会長(代表)の野口誠一さんという人と昔から多少お付き合いをさせていただいておりました。この方が一昨年亡くなって、今、次をつなぐ人が世話人をやっていて、月一回、第三土曜日、六時三〇分から秋葉原で月例会をやっています。やはりそこに参加している、かって倒産して今は再起した人たちのさまざまなお話、また以前収録されたVTRを見たりしています。この前もここ数年で事業譲渡して勇退した友人と話したら、「起業することに対するアドバイスとして求められたら、あなたは何を言いたいですか？」という質問をしたら、この友人が、「昔、塩原さんが勉強会を主宰していてご一緒した折に、野口さんという人を連れてきて、『倒産しない方法を教えてください』と私が質問したら、彼が即座に、『倒産を恐れなさい。それが秘訣ですよ』ということを言った」ということでした。彼はうまく事業譲渡して廃業できたわけですけども、やはりそういうことで、倒産を恐れるということでした。では、消極的に何にもしないでというと、そういうことじゃなくて、やはり慎重にやるべきだということです。他の人の意見もたくさん聞きながらやるべきだということでした。

それと、自分の能力がないなと感じ、自己評価をしっかり冷静にするということによって、前へ一歩踏み出すか、踏み出さないかというような決め手はご自分の判断ですよ、とのこと。

最終的なまとめ方なんですが、私は若い志をもった人が起業するにしても商売するにしても、サラリーマンで一生終わったって、別にそれでも自分の人生ですからいいんですが、やはり今、人間として自我が芽生えたときに考えるのは、人間としての生き方はどうあるべきということを自問自答したときに、その答えをしっかり持って生きていく必要があろうと思うんですね。何もしないで後悔ばかりしたりではは始まりませんよ。どうせ死なない人間はいないわけだ。ですから、やはりきれいごとを言うわけじゃないですけども、清く正しく美しくという生き方もあるということもあります。

最近ある人に「塩原さんは、あの人はやり手だという話を時たま言うことがあるけども、今の考え方は違うと思いますよ」と言われました。どう違うのか。やり手というのは、基本的に金儲けという視点で物を見ていますでしょうと。そうじゃないんじゃないですか？　人の生き方という見方すれば、やり手という人の見方は違うと思いますよ。金儲けという見方で「やり手」を見れば、人を踏み台にして、我利だけを求める人だと。だからその人が言っているやり手というのは、非常に人間的に卑しい、汚い。だからそういう人には近づかないということで、塩原さん、言葉を慎みなさいよ。人間修行が未だ足らないよ、ということを聞いて、ああ、そうだな。やっぱり人間というのは、生き方、自分自身に問いかけて、自分自身で納得できるような生き方をした方が一番いいんだなということであります。ですから、その辺のことを、何でもかんでも金儲けのためにやるという話は、今日は全然出ていません。

——正直に言っていいですか？　私、やっぱり今日のお話で一番感じたのは、お三方とも、企業経営者として成功なさった人なのに、あまりお金儲け、お金儲けの話じゃなくて、逆に鵜飼さんなんか典型的ですけど、そうじゃなくて、人間としていかに生きるべきかということを突き詰めないといけないなという話ですね。何かこれでいいのかなと（笑）。起業を目指す若者へのメッセージなんだけど、でも実はもっと高いものがあって、人間としてもっと高いところを求めないといけないんだという話になって。意外というか、それはそれで面白い結論だなというふうに思いました。

鵜飼：金儲けを嫌っているというか、よけているというか、避けようというふうには思っていません。渋沢栄一みたいに、「論語と算盤《そろばん》」。『論語』というのも大事です。人の生きる道。そしてそろばんというのは、企業を健全経営して、利益を出して、それを社会に還元するという、このそろばんという点で、悪い言葉で言えば、金儲けというのも大事だよということですね、結局。人を踏みにじっての金儲けじゃなくて、還元して、社会の役に立つようなことの事業をやって、金をどんどん儲けなさいという、それがそろばんじゃないかなと自分では思っていますから、経営者としても、そろばんのところは徹底的に全力投球して、今でもいかに儲けるか。来年は目標を経常利益一億二〇〇〇万円に設定するというふうにやっぱり置いていますよ。それは別に金儲けがすべてじゃなくして、半分は内部留保、将来の安定。そして半分は納税というのも一つの社会貢献ですから、金儲けを徹底しろというふうに、自分の腹の底では思っていますね。

――私なんて学校を卒業して以来、一回も会社を起こそうと思ったことがないんですよね。そういう人が多いと思うんですけど、どこかなるべく給料のいいところに勤めて、結婚して、子供を産んでみたいな、そういう教育を受けてきたし。だから、お三方が最初から起業をするというところの人間の器の違いというか、スケール感の違いみたいなものを感じますね。

村山：それはあなたが生まれて育った頃はもう高度経済成長に入っていて、まっただ中に生きてきたから。この三人は戦時中に生まれた。そうすると、物心ついた五、六歳の頃というのは何もないいんですよ。だから自分で生きていくしかない。仲間と生きていくしかない。何しようか。その生活環境がそうさせているんですよ。

鵜飼：全くそのとおりですね。

村山：だから、高度経済成長が始まった昭和三五、六年以降に生まれた人は、豊かさが当り前の中に生きてきたんですよ。今朝の新聞でも、弁当が冷たくてうまくないから、半分以上残したとありましたが、張り倒せって言いたい。サツマイモ二本が「お弁当」ということがよくありましたから。

鵜飼：私もサツマイモだったですね。

村山：今みたいにおいしいサツマイモじゃないんだ、水っぽくて。それでもイモなんです。サツマイモのつるをゆでて、それをご飯の一つとして食っていた時代だから。

――底力が違うんですね、生きることへの。

村山：だから今の若者たちは一〇〇〇日でいいからどん底生活したらいいと思います。海外青年協力隊というのがあるけど、それこそ今だったら、カンボジアの奥地か、ラオスとかに行って、三年間無給で働いて、自分が一杯の水飲むには、二時間行って汲んでこなきゃいけないという生活をしてみたらいいんだよ。それができなかったら、勉強していい企業に入って、三年分の給料は全部寄附したらいいんですよ。あえて自分を鍛えるために。

鵜飼：「あえて鍛える」という言葉は大好きですね。私の自分の今に置き換える一つの言葉、「あえて鍛える」と同義語で、「逆境は宝」というのを大事にしているんですね。

村山：随分鍛えられました（笑）。

鵜飼：今のサツマイモの話とか、飯が食えないというようなこと。国税庁が来て、畳をこういうふうに出して、全部積んでいくんですよ、こういうふうに。起こしてこうやっておくと使えないんですよね、結局。干すときにやりますよね、三角に。あれをやられたというのは、私にとって「逆境は宝」ですよね。そのときに自分が鍛えられたことを、今としてはそれが宝になっているんだと思っているので。

――それはやっぱり、お三方が精神的に強いものを持っているということですよね。負けちゃう人もいるわけじゃないですか。そういう人は会社作らないと思いますよ（笑）。

鵜飼：そのときに不良少年になって、もうつぶれていく。そして暴力団に入った友人もいっぱいいます。名前も挙げられますけど。

村山：やめてください（笑）。

鵜飼：そこが分かれ道なんですよね。

――そういう人の方が多いから、そういう人がサラリーマンになって最後まで生きていくんじゃないですか？　会社を作るような気概というか、パワーというか、それはやっぱりすごいと思いますね、聞いていて。

起業・独立

次に続く立志の若者へのメッセージ

応援メッセージ

応援メッセージ

志をもって前へ進もう

塩原　勝美

二六歳で安政の大獄にて生涯を終えた幕末の先覚者　橋本景岳《けいがく》（左内《さない》）の著作に「啓発録」があり、**志《こころざし》を立つ**の項の訳文に、志というのは、心の行くところ、すなわち自分の心が向かい赴くところをいう。（中略）

志を立てるというのは、自分の心の向かい赴くところをしっかりと決定し、一度こうと決心したからには真直にその方向を目指して、絶えずその決心を失わぬよう努力することである。ところで、この志というものは、書物を読んだことによって、大いに悟るところがあるとか、先生や友人の教えによるとか、自身が困難や苦悩にぶつかったり、発憤して奮い立ったりして、そこから立ち定まるものである。（後略）　とあります。

また、私が起業して八年経過し、ひと息入れられた頃のエッセイ　昭和五四年（一九七九）六月「志ざしなくば」（原文のまま）に以下があります。

人の一生は重き荷を負いて遠い道を行くが如し—とありますが、日頃私共が口にするとかく底が浅い努力とか、頑張りだとかだけでのこの変化の激しい毎日を踏み耐え、乗越えられるものでないと気づかされます。私自身まがりなりにも信念と執念をもって日々精進していると自負しても、その歩みの遅々たる事に時には焦りさえ感じることがあります。

ゆるぎない志ざしを胸に秘め、そのための毎日にベストを尽くす。そしてなにものにも備え、今後の自分と会社の将来に標準を合わせた行動をとっていかねばと思っております。

〝歳月は人を待たず〟のたとえどおり、年々私も年齢を重ねてまいります。数々の経験と思いから私が起業・経営の実践を通して学んだことがらの一〇題を掲載します。

●商売、事業はこれを愚直までに徹していくこと。とても片手間では成し得ない。

●ビジネスの世界で勤勉だけが誇れるものではない。
必要条件ではあるが、絶対条件ではない。

●なにごともことを成すには一〇年かかる。
独立自尊の精神　志を持って忘れず、焦らずに進める。

●仕事、事業、企業の正当のあり方は、先ず利益をしっかり出す。それを無駄使いしないで蓄える。そして、その資金を有効に活用して次に継げる。

●身の丈にあった会社経営とは先ず収益の確実性と継続性である。
会社規模を大きくすることが良いことではない。

●仕事でも人生でも今やっていることで「結果を出していくこと」を常に意識して努める。
ただ流れに乗っているだけでの無意識さでは、その望む結果は得られない。

●賢い考え方とは、小さな失敗をしたときでも原因を解明して、責任の所在を明らかにし、次に活かす。この失敗を活かす姿勢が大成に通じる。

●一時の小さな成功に酔うと、次の大きな失敗に繋がる恐れがある。
故に常に謙虚さと、冷静さが求められる。小成でつまずく愚かさを、避ける賢さを身に付ける。

●事業を止めるならば いちばん好調のときに止める。
けして、どうにもならない最悪期に止めない。
経営者のその決断力が傷を浅くする。

●経営者で倒産と云うことの事態を正しく、深く理解し、また恐れて事業を継続している人は少ない。

応援メッセージ

若い起業家に語る

鵜飼　俊吾

誰しも起業して間もない時は、日々辛いことが多くあって当たり前です。現に、私も起業して三年間はいろいろと大変な思いやら、出来事にも遭遇し、一人奮闘しました。しかしそれも何らかの努力でもって忍耐 強くやり抜きました。このことが後でなって役に立っております。若い皆さんには、これを強調させて頂きますが、やがて、その後、いつの日か、ああ、あの時の苦労があったから、それで今の自分があるのだなと思える時が必ず来ます。

その苦労の中にあっても、その中に何かよいことを見つけ出せるものです。そこに感謝の気持ちをもって接すること。そこには、必ずや成功の種が隠されています。

ここに事の心理が存在します。「すべては物事に対して感謝できる人になりたい」と強くお伝えしたいです。

経営者の心掛け

1. 社員及びその家族を大切にして、相互に愛し愛される人に。
2. 仕事を愛し、仕事を楽しんでやれる人に。
3. 仕事の納期、約束の時間をきちんと守ることができる人に。
4. 仕事は延ばし延ばしにしない。一日早めれば一日の余裕ができる。
5. いかなる仕事も人の先頭に立って行うことのできる人に。
6. 自由かつ自律した考えを持ち、常に先々を考え創造できる人に。
7. 私心がなく相手の立場を考え常に公正に問題を解決できる人に。
8. 忙しい、疲れた、時間が無い、を言わない人に。
9. 逆境にあっても忍耐強く乗り切ることができる人に。
10. 人が見ていなくても、きちんと規則が守れる人に。

応援メッセージ

起業するとは、自分らしく生きること

村山　壮人

いま世界の人口は七〇億人か八〇億人いると言われています。

まだまだ増加の一途にあるそうです。

その一人一人には、一人一人の生き方があります。

贅沢三昧の人がいるかと思うと、一週間前の朝ごはんを食べていない人もいます。

生まれながらにして、富も名声も地位も将来も約束されている人もいます。

質素な生活をして、爪に火をともして努力して立ち上がってきた人もいます。

「起業」しようと思う人は、「何のために起業するのか」目的をはっきりしておくことです。

お金儲けのためでもいいし、今までに無い仕事を創り出すためでもいい。

もっともっと便利な物を作り出すこともいい。

人々が今までよりも楽をして、今までと同じかもっといい生活ができる仕事もいい。

いずれにしても、既に現存する企業の中に納まって、その企業の規則を守りしきたりに従っていたのでは自分らしく生きていけないと思うから起業するのでしょう？

そうだとしたら、「自分らしい生き方」とは何なのか真剣に考えてからスタートすべきです。

私のように、それまで、その都度その都度の仕事を一所懸命やってきた者でも「失業」という落とし穴が待っていました。それは私の責任ではありません。世の中のめぐり合わせです。仕方ないことです。

六年前の東日本大地震で、突然家も土地も家族までも失った方々がいます。これもそこに住んでいた人たちの責任ではありません。めぐり合わせです。

めぐり合わせ、アクシデントは予測しようもないし、その規模も計り知れません。この先何が起ころうとこの事業を通して「自分らしい生き方」を貫くことを決心してください。

欠陥がみえる　何とかしたい

私の場合、後藤静香という人の「権威」という本に出会い、この本を愛読する人々の勉強会に参加していたことから、「人を信じ、人を愛し、人を敬う」ことが本当の生き方だと思うようになりました。

目の前にゴミが落ちていたとして、そのゴミを拾ってかたずけることが出きるならかたずけなさい。重い荷物を背負っているし両手もふさがっていて、そのゴミを拾ってかたずけることが出来ないならば、そのまま通り過ぎてもかまいません。

「こりゃ何とかしなくっちゃ」と思うことは、何時の世でも沢山あります。国と国とが話し合わなければ解決しないこともあれば、ちょっと譲り合えばスムーズに行くことだってあります。

後藤静香は欠陥を見いだす能力を身につけ、その欠陥を何とかしたいと思った時、自分にできることなら一所懸命にその欠陥排除に全身全霊を捧げなさいと教えています。

私はただそうして生きてきたし、金銭的には損ばかりしてきたかもしれませんが、意外と精神的には満足感があり、仮に明日死んだとしても悔いはありません。

しかし、まだまだ私の目の前には「欠陥」だらけなので、欲は言わないがあと五〇年、生きながらえていたいと念じています。

起業家は常に「青春」でいなくてはならない

ユダヤ系アメリカ人のサムエル・ウルマンは「青春とは」という詩を書いています。この詩をマッカーサーはこよなく愛していたそうですが、ウルマンが七八歳の時の作品と言われています。

私と同じ新潟県出身の新井満さんが二〇〇五年に訳したサムエル・ウルマンの「青春とは」が出版され、今でも売れているようです。お断りしていませんが少し引用してみます。

真の　青春とは
若き　肉体のなかに　あるのではなく
若き　精神のなかにこそ　ある

問題にすべきは
強い意志　豊かな想像力　燃え上がる情熱
そういうものが　あるか　ないか

臆病な精神のなかに　青春は　ない
大いなる愛のために発揮される
勇気と冒険心のなかにこそ
青春は　ある

ウルマンより四四年あとに生まれた後藤静香は、「若さの誇り」と題して叫んでいます。

友よ　若さの誇りのために　祝福の歌をうたおう
友よ　未成熟の誇りのために　希望の歌をうたおう
おどらぬ胸は　老いたる胸
湧かぬ血は　衰えたる地
おののかぬ魂は　眠れる魂
友よ
若さと未成熟のために
歓呼のさけびを　挙げよう

歳はいくつになっても、「青春」でいましょう　！

あとがき

どのようなビジネスや商売を始めるにも、その背景となる〝時代〟への合致や、運が味方することがなければ成らないのではとの思いは強いものがあります。また、己が一人で出来ることの成果も、経験から高が知れていることも認めさせられています。

当冊子は生まれも育ちも異なるそれぞれが、東京の地で起業し、一応の成果を得て三人共著の形で「次に続く立志の若者のために私たちは何を成すべきか？」との問いの「解」として刊行いたしました。使命感と熱意を持って諸々の作業を進めるなかで、私たち三人との出会いは、必然性をおびたものとのお互いの意識は強まるばかりでした。

また、特に後半の鼎談では、単なる活字として私たちの経験から得たことがらを伝えるだけでなく、本音の会話を通して、起業・独立とそれに連なる中小企業経営の根幹となるさまざまなことに触れて、理解を求めております。

申すまでもなく日本はかねてより少子高齢化社会で、経済も閉塞感が長年続き、事業を閉じる率が新たな起業率を上回る憂うべき現象が続いています。

このような時こそ、若く志をもったこれからの人が、自分の人生の行く末としても「挑戦する人生」として欲しいと期待し、かつ、願わずにはおられません。

末尾に鼎談の司会とまとめにご支援を頂いた小松一彦氏、ならびに校正・進行にご協力の新澤弘美さんに心から感謝の意をお伝えいたします。

塩原　勝美

平成三〇年一月吉日

起業・独立　次に続く立志の若者へのメッセージ

『人橋を架ける』

著　　者	塩原　勝美・鵜飼　俊吾・村山　壮人
定　　価	本体価格 2,250円＋税
企画・構成	トップ・ビジネスサポート株式会社 〒 101-0063 東京都千代田区神田淡路町 1-19 千代田ビル TEL 03-3253-2782　　info@top-bs.co.jp
編　　集	EDIX
発 行 日	2018 年 2 月 28 日　初版発行
発　　行	全国編集プロダクション協会（JEPA ＝ジェパ） 〒 107-0052 東京都港区赤坂 8-13-24 TEL 03-3470-3102　info@jepa.gr.jp
発 売 元	株式会社三恵社 〒 462-0056 名古屋市北区中丸町 2 丁目 24 番地の 1 TEL 052-915-5211（代）

ISBN978-4-86487-799-2 C2034